T0193855

essentials

essentials liefern aktuelles Wissen in konzentrierter Form. Die Essenz dessen, worauf es als „State-of-the-Art" in der gegenwärtigen Fachdiskussion oder in der Praxis ankommt. *essentials* informieren schnell, unkompliziert und verständlich

- als Einführung in ein aktuelles Thema aus Ihrem Fachgebiet
- als Einstieg in ein für Sie noch unbekanntes Themenfeld
- als Einblick, um zum Thema mitreden zu können

Die Bücher in elektronischer und gedruckter Form bringen das Expertenwissen von Springer-Fachautoren kompakt zur Darstellung. Sie sind besonders für die Nutzung als eBook auf Tablet-PCs, eBook-Readern und Smartphones geeignet. *essentials:* Wissensbausteine aus den Wirtschafts-, Sozial- und Geisteswissenschaften, aus Technik und Naturwissenschaften sowie aus Medizin, Psychologie und Gesundheitsberufen. Von renommierten Autoren aller Springer-Verlagsmarken.

Weitere Bände in der Reihe http://www.springer.com/series/13088

Stephanie Hartung · Regina Remy

Online-Aufstellungen

So funktionieren systemische
Aufstellungen am Bildschirm

 Springer

Stephanie Hartung
FELD INSTITUT
Köln, Deutschland

Regina Remy
Köln, Deutschland

ISSN 2197-6708   ISSN 2197-6716   (electronic)
essentials
ISBN 978-3-658-32375-2   ISBN 978-3-658-32376-9   (eBook)
https://doi.org/10.1007/978-3-658-32376-9

Die Deutsche Nationalbibliothek verzeichnet diese Publikation in der Deutschen Nationalbibliografie; detaillierte bibliografische Daten sind im Internet über http://dnb.d-nb.de abrufbar.

Planung/Lektorat: Heiko Sawczuk
Springer ist ein Imprint der eingetragenen Gesellschaft Springer Fachmedien Wiesbaden GmbH und ist ein Teil von Springer Nature.
Die Anschrift der Gesellschaft ist: Abraham-Lincoln-Str. 46, 65189 Wiesbaden, Germany

Was Sie in diesem *essential* finden können

- Eine Antwort auf die Frage, warum systemische Aufstellungen auf dem Bildschirm funktionieren
- Tipps für Technik, Verhalten und Kommunikation in Online Aufstellungen
- Eine Übersicht über verschiedene Möglichkeiten der Online Aufstellung mit entsprechenden Applikationen

Vorwort

Irgendwie ist die neue Herausforderung über Nacht gekommen und wir hatten nicht mit ihr gerechnet, obwohl wir sie – gleich einem Tsunami – unaufhaltsam herannahen sahen. Jedenfalls stand vorher beinahe täglich in den Zeitungen, dass genau das geschehen könnte. Als Anfang März 2020 in Deutschland wie in so vielen anderen Ländern der Lockdown verkündet wurde, wurde uns Systemaufstellern in aller Welt schlagartig bewusst, dass wir mit einem Mal von der Ausübung unseres Geschäfts abgeschnitten worden waren. Unvorbereitet. Radikal. Vollumfänglich. Wir konnten keine Klienten mehr empfangen. Wir konnten keine Aufstellungstage mehr anbieten, und wir konnten unsere laufenden Trainings nicht fortführen. Jede Art von persönlichem Treffen mit Nicht-Familienmitgliedern wurde innerhalb weniger Stunden untersagt.

Es dauerte wenige Tage, als sich die ersten Aufsteller in den sozialen Medien zu Wort meldeten und den Kollegen versprachen: *„Macht Euch keine Sorgen. Ihr könnte Eure Aufstellungen ganz einfach online anbieten. Ich zeige Euch, wie das geht."* Versprechen dieser Art führten zu gut besuchten Online Seminaren, die Teilnehmer strömten von überall auf der Welt herbei.

Wer als Anbieter solcher Online-Fortbildungen mehrere Sprachen beherrschte, konnte sich über zahlreiche Teilnehmern freuen. Ich selber habe ab Mitte März die ersten Online Seminare in deutscher und in englischer Sprache angeboten: *Aufstellungen in der Imagination* bzw. *Constellations in the Imagination*. Der Zulauf war überwältigend und die Äußerungen der Teilnehmer waren mehr oder weniger immer ähnlich: *„Ich wollte mir das mal ansehen, ich kann ja gar nicht glauben, dass das wirklich am Bildschirm funktionieren soll."*

Ich war über mich selber erstaunt – weil ich mich eben überhaupt nicht fragte, wie Aufstellungen eigentlich online funktionieren sollen. War ich zu unbedarft, dass sich mir die Frage gar nicht stellte? Hatte ich vielleicht etwas übersehen?

Ich dachte ernsthaft und immer wieder darüber nach. Und dennoch – mir schien es nachgerade selbstverständlich, dass Aufstellungen online funktionierten. Für mich konnte es gar nicht anders sein.

Erstens hatte ich mich bereits 2013 und 2014 intensiv mit der Frage *Warum funktionieren Aufstellungen* befasst und darüber ein Buch mit gleichem Titel veröffentlicht (Hartung 2014). Darin hatte ich die verschiedenen (miteinander vernetzten) Dimensionen untersucht, die in sich Teilaspekte einer möglichen ganzheitlichen Antwort auf die Frage bargen. Einer dieser Teilaspekte war die Erkenntnis, dass unsere Wirklichkeit eine Manifestation unseres Bewusstseins ist.

Zweitens hatte ich in den vergangenen Jahren immer wieder Klienten auch am Telefon beraten. Die fernmündliche Beratung geschah wie ein resonantes miteinander Schwingen. Ich hatte dabei dieselben hypnotherapeutischen Elemente in der Gesprächsführung eingesetzt, wie bei meinen Präsenzaufstellungen. Und ich begleitete die Gesprächspartner in der Imagination durch äußere und innere Räume. Dabei konnte ich spüren, was sie spürten. Und ich hatte zum Teil dieselben inneren Bilder wie sie. Ich konnte nur ihre Stimme am Telefon hören und nahm doch so viel mehr von ihnen wahr.

Nicht zuletzt und drittens habe ich in meiner Einzelarbeit mit Klienten ausschließlich mit Aufstellungen in der Imagination – ob mit Bodenankern, auf dem Brett oder nur in der Vorstellung gearbeitet. Jede Wahrnehmung geschah hier ausschließlich über die Vorstellung, wie es sich an einem bestimmten Platz anfühlt. Schlussendlich gilt diese Beobachtung auch für die Präsenzarbeit mit Gruppen – auch hier beginnt die stellvertretende Wahrnehmung mit einer imaginativen Frage: *Was nehme ich auf dem Platz von XY wahr?*

Unabhängig also davon, ob ich mit Präsenz- oder mit Online-Angeboten arbeite – alles ist ein Geschehen in der fokussierten Imagination oder eben anders: Alles ist eine Manifestation des Bewusstseins. Den ersten Teil des Buchs widmen Regina Remy und ich deshalb einigen grundlegenden Betrachtungen von Bewusstsein und Manifestation, die vielleicht verstehen lassen, dass Aufstellungen *natürlich* funktionieren – online wie offline.

Daneben bringen Aufstellungen in der virtuellen Welt dann doch einige Herausforderungen und natürlich auch neue Möglichkeiten mit sich, auf die wir in der zweiten Hälfte des Buchs näher eingehen. Kollegen, die mit Aufstellungen online arbeiten möchten, bekommen hier zunächst einige grundlegende technische und Kommunikations-Tipps für die Anwendung der Methode im virtuellen Raum. Wir geben am Ende außerdem eine konzentrierte Übersicht über die aktuellen Applikationen für verschiedene Aufstellungsvarianten. Es steht zu erwarten, dass sich das Feld der Aufstellungsapplikationen in den kommenden Monaten dramatisch weiterentwickeln wird.

Unsere Erfahrungen der letzten Monate haben uns gezeigt, dass es sich lohnt, zu experimentieren, neue Schritte zu wagen, mit den verschiedenen Möglichkeiten zu spielen und unsere ganz eigene Art der Online Aufstellungen zu entwickeln.

Beim Experimentieren mit den neuen Möglichkeiten kann insbesondere eine der zentralen Tugenden des Aufstellers zum Tragen kommen: Die Haltung des Nicht-Wissens. Sie ist eine hilfreiche Herangehensweise an das immer noch so neue Format mit seinen technischen Herausforderungen, seinen teils eigenen Kommunikationsregeln und seinen verheißungsvollen Möglichkeiten bei gleichzeitigen Beschränkungen.

Auch wenn für manche von uns der Alltag der letzten Wochen mit zahlreichen Online Aufstellungen gefüllt war, so stehen wir immer noch leicht triefend von der Welle der Veränderungen, die unser internationales Feld erfasst hat. Angesichts der schieren Vielzahl von Kollegen können wir erwarten, dass sich Online Aufstellungen ebenso rasant und vielfältig bunt entwickeln werden, wie es das Präsenzfeld in den letzten beiden Jahrzehnten bereits getan hat. So wird ein heute geschriebenes Buch über die technischen Möglichkeiten, online aufzustellen, morgen vielleicht schon ein Oldie sein, der uns ein erinnerndes Lächeln abringt.

Insgesamt freue ich mich jedenfalls mit Regina Remy, wenn die vorliegenden Betrachtungen und Informationen ein erster hilfreicher Begleiter in die eigene Arbeit mit Online Aufstellungen sein können.

August 2020   Stephanie Hartung

Inhaltsverzeichnis

1 Warum Online Aufstellungen funktionieren 1
1.1 Alles ist Teilchen, alles ist Welle 3
1.2 Geist und Körper 5
1.3 Die Superposition, das Weltmeer der Möglichkeiten 6
1.4 Darum funktionieren Aufstellungen (auch online) 8

2 Regeln für Online Aufstellungen 11
2.1 Technik 11
    2.1.1 Setting + Hintergrund 12
    2.1.2 Kunstlicht 12
    2.1.3 Tageslicht 13
    2.1.4 Kamera 14
    2.1.5 Bildschirm 15
    2.1.6 Ton 16
2.2 Online Verhaltens-„Knigge" 16
    2.2.1 Bedingungen für Bedingungslosigkeit 17
    2.2.2 Präsenz 18
    2.2.3 Verbindung 19
    2.2.4 Kommunikation 20
        2.2.4.1 Sitzhaltung 21
        2.2.4.2 Mimik und Gestik 21
        2.2.4.3 Stimme 21
        2.2.4.4 Sprechweise 22
        2.2.4.5 Was außerdem die Verständlichkeit fördert 23
        2.2.4.6 Austausch 23

3 Drei Dimensionen der Online Aufstellungen 25
3.1   Eindimensionale Online Aufstellungen 25
    3.1.1   Eindimensionale Online Aufstellungen in der Gruppe 26
    3.1.2   Eindimensionale Online Aufstellungen in der
        Einzelarbeit 31
3.2   Zweidimensionale Online Aufstellungen 31
    3.2.1   Bodenanker 31
    3.2.2   Aufstellungsfiguren der Teilnehmer 31
    3.2.3   Aufstellungsleiter und Aufstellungsbrett in einem Bild . . . 32
    3.2.4   Handy als Teilnehmer 32
    3.2.5   Virtuelles Aufstellungsbrett 32
        3.2.5.1   Online Fields, Noemi Viedna, Spanien, und
                Jeroen Hermkens, Niederlande 36
        3.2.5.2   Systemic Mapping Template, Edward
                Rowland, Großbritannien 37
        3.2.5.3   Feldfiguren, Stephanie Hartung, Deutschland 39
        3.2.5.4   Radical Business Innovation, Romy Gerhard,
                Schweiz 39
        3.2.5.5   INFOSYON, Internationales Forum für
                Systemaufstellungen in Organisationen 41
        3.2.5.6   Constell Online, Yishai Gaster, Israel 41
    3.2.6   Zusammenfassung zweidimensionale Anwendungen 43
3.3   Dreidimensionale Online Aufstellungen 43
    3.3.1   Dreidimensionale Systembretter 44
        3.3.1.1   LPScocoon, Christiane Grabow, Deutschland . . . 44
        3.3.1.2   AppTools42 – Systempad, Lars
                Christian Börner/Jochen Fischer/Gita
                Wikulil/Ferdinand Wikulil, Deutschland 44
        3.3.1.3   Online-Systembrett, Georg Breiner,
                Österreich 44
        3.3.1.4   CoSpaces EDU, Delightex, Deutschland 46
    3.3.2   Online Aufstellungen mit Avataren 49
        3.3.2.1   ProReal, Klaus Döllinger, Deutschland 49
        3.3.2.2   TriCAT spaces, Deutschland 50
        3.3.2.3   Zusammenfassung dreidimensionale
                Anwendungen 52

3.4 Multidimensionale Anwendung: Digital Constellation 52
3.5 Abschließend 54

Literatur 57

Über die Autorin

Stephanie Hartung, Jhrg. 1959, hat nach einem Kunststudium an der Kunstakademie Düsseldorf mit Abschluss Meisterschülerin 13 Jahre als Malerin gearbeitet. Nach einem Postgraduierten-Studium des Internationalen Managements gründete sie ein Beratungsunternehmen für systemische Organisationsentwicklung. Daneben hat sie zahlreiche Ausbildungen in systemischen Beratungsmethoden, Gestalttherapie und Hypnotherapie absolviert.

Als Gründerin und geschäftsführende Gesellschafterin des FELD INSTITUTs in Köln arbeitet sie heute als Beraterin für Organisations- und Personalentwicklung, als Coach und Gestalttherapeutin für private und berufliche Anliegen.

Im Rahmen des Bachelor-Studiengangs General Management hält sie an der Europäischen Fachhochschule EUFH Vorlesungen in systemischer Organisationsentwicklung in Form eines experimentellen Organisationslabors, in dem System- und Strukturaufstellungen als didaktisches Tool integriert sind.

Als anerkannte Weiterbildnerin für Systemaufstellungen bietet Stephanie seit 2015 anerkannte Weiterbildungen mit den beiden Schwerpunkten psycho-soziale Persönlichkeitsentwicklung sowie Personal- und Organisationsentwicklung – in Deutschland und international in englischer Sprache.

Seit 2019 ist sie stellvertretende Vorsitzende der **ISCA,** *International Systemic Constellations Association.* Sie ist außerdem Mitglied in der *Internationalen Gesellschaft für Gestalttheorie und deren Anwendung,* **GTA,** bei **INFOSYON,** *der internationalen Vereinigung der Organisationsaufsteller* sowie bei der *Deutschen Gesellschaft für Systemaufstellungen* **DGfS.**

Als Autorin hat Stephanie diverse Bücher und Essays über systemische Organisations-Konzepte, über System- und Organisationsaufstellungen sowie über Trauma in der Arbeitswelt veröffentlicht. Darüber hinaus verfasst sie immer wieder auch philosophische Betrachtungen zu einzelnen Lebensthemen.

Stephanie Hartung ist Mutter eines erwachsenen Sohns und lebt mit ihrem Partner in Köln und Brügge.

Regina Remy, Jhrg. 1969, hat nach ihrem Psychologiestudium in Münster in unterschiedlichen Unternehmen Personal- und Organisationsentwicklung gestaltet und verantwortet.

Seit 2009 begleitet Sie sowohl Dax-Unternehmen als auch mittelständische Unternehmen und öffentliche Einrichtungen in Entwicklungs- und Veränderungsprozessen, seit 2016 als Geschäftsführerin der Unternehmensberatung HATTINGER BÜRO GmbH.

Ein Schwerpunkt ihrer Arbeit liegt in der Implementierung von Entwicklungs- und Lernprozessen in den betrieblichen Alltag – raus aus dem Seminarraum, hinein in die täglichen Routinen. Ein weiterer liegt in der Begleitung von Teams und Einzelpersonen als Coach. Regina Remy lebt in Köln.

Warum Online Aufstellungen funktionieren

Warum fragen wir uns angesichts der Möglichkeit, online aufzustellen überhaupt, wie das möglich sein soll? Warum gehen wir nicht wie selbstverständlich davon aus, dass es genauso möglich ist, wie in Präsenzaufstellungen? Wir fragen: *„Wie soll das denn mit der Wahrnehmung funktionieren, wenn wir gar nicht im selben Raum sind, und wenn wir einander gar nicht ganz, sondern nur teilweise und auch nur zweidimensional sehen können?"*

Diese Fragen zeigen, dass wir (vielleicht unbewusst) davon ausgehen, dass wir mit unseren Körpern im selben Raum sein müssen, um einander wahrzunehmen. Damit glauben wir, dass unsere Wahrnehmungen in Aufstellungen sinnlicher, also körperlicher Natur seien. Wir glauben vielleicht auch, dass das Feld, von dem wir sprechen, ein physisch räumliches sei.

Die Erfahrung ist aber eine andere: Das Feld ist energetischer Natur und unsere Wahrnehmungen in Aufstellungen sind leiblicher Natur. *Leiblich* ist ein Begriff der Neuen Phänomenologie nach Hermann Schmitz (2011). Leiblich meint, dass Wahrnehmungen über den Körper hinausgehen und etwas mit unserer energetischen Qualität zu tun haben.

Aufstellungen funktionieren online aus demselben Grund, aus dem sie überhaupt funktionieren. Über diese Frage hat Stephanie Hartung das oben erwähnte Buch wie auch gemeinsam mit Wolfgang Spitta das *Lehrbuch der Systemaufstellungen* geschrieben (Hartung und Spitta 2020). Hierin haben sie die Aspekte des energetischen Felds und der leiblichen Wahrnehmung in ihrer Tiefe ausgelotet. In unserer Betrachtung hier beschränken wir uns daher auf den aus unserer Sicht entscheidenden Grund dafür, warum Aufstellungen on- und offline gleichermaßen funktionieren.

Die Hauptvoraussetzung dafür, dass Aufstellungen online wie „offline" funktionieren, ist sprachlich nicht ganz einfach darzulegen. Einerseits haben wir es hier

S. Hartung und R. Remy, *Online-Aufstellungen*, essentials, https://doi.org/10.1007/978-3-658-32376-9_1

mit multiplen und vernetzten Dimensionen zu tun, welche die Grenzen unseres zweidimensional denkenden Verstands überschreiten.

Andererseits werden Aufstellungen inzwischen in derart vielen Bereichen angewendet, dass wir hier das Kunststück vollbringen müssen, quasi kulturübergreifend über ein Phänomen zu sprechen, dem in den einzelnen Bereichen höchst unterschiedlich begegnet wird. Wir müssen förmlich eine Brücke von rationaler Logik zur multidimensional spirituellen Ganzheitlichkeit spannen, um dann federnden Schrittes von einer Seite zur anderen flanieren. Nun denn.

Es gibt zwei Perspektiven der Betrachtung, die verschiedenartiger nicht sein könnten (und vielleicht ist diese Aussage ja auch ein Irrtum). Die eine Perspektive der Betrachtung ist naturwissenschaftlich geprägt. In Aufstellungen haben wir es einerseits mit quantenphysikalischen Gesetzen zu tun, die – wiewohl ausschließlich auf der Mikroebene wissenschaftlich belegbar – ganz offensichtlich auf der Makroebene unseres Beziehungsalltags ihre Wirkung entfalten. Die Sprache ist hier von Beobachtereffekten und (systemischer) Verschränkung über die Sie vertiefte Informationen im Buch *Warum funktionieren Aufstellungen?* finden. Wir haben es aus dieser Perspektive außerdem mit neurophysiologischen und biochemischen Aspekten zu tun. Menschliche Erfahrungen führen zu Verbindungen (Synapsen) von Nervenzellen im Hirn, wobei der jeweiligen Situation angemessene Hormone ausgeschüttet werden. Die Hormone stellen durch biochemische Prozesse eine (Funktions-)Wirklichkeit im Körper her, die unser Erleben der Erfahrungen in die eine oder die andere Richtung prägen. Vertiefte Betrachtungen hierzu finden Sie im *Lehrbuch der Systemaufstellungen.*

Die andere Perspektive der Betrachtung hat einen holistisch spirituellen Charakter und wartet mit denselben Schlussfolgerungen auf, wie die naturwissenschaftliche – allerdings mit anderen Worten. Die quantenphysikalische *Superposition* – die Überlagerung sämtlicher möglicher Zustände – wird in der holistischen Betrachtung zum universellen *Feld des Bewusstseins,* das alle Möglichkeiten und alles Wissen enthält, um nur ein Beispiel für die Parallelität der Erkenntnisse und Überzeugungen zu benennen. Für die holistische Perspektive gibt es keine wissenschaftlichen Belege, so wie wir sie in unserer westlichen Kultur für eine Aussage zu einem Sachverhalt als Wahrheitsbeleg erwarten würden. In der indischen Kultur z. B. aber gelten die Veden, in denen das wissende Feld eine zentrale Bedeutung hat, als zeitlose Wissenschaft, die ihren Ursprung in den uralten Sanskrit-Texten Indiens hat.

Wir formulieren im Folgenden unsere Erläuterungen entlang der wissenschaftlich fundierten Erkenntnisse der Naturwissenschaften und verweisen zugleich auf die Parallelen in der ganzheitlichen Betrachtung.

1.1 Alles ist Teilchen, alles ist Welle

Wir erleben uns als fester Körper, dessen Außengrenze durch die Haut gekennzeichnet ist. Unser alltägliches Erleben entspricht der klassischen Physik, der Lehre von Materie und Energie und deren Wechselwirkungen, von Zuständen und Zustandsänderungen in Raum und Zeit.

Unser Erleben gleicht einem *ich/nicht ich* und einem *in mir/außerhalb von mir,* wir empfinden Zeit und Raum als gegebene Größen und erleben unsere Wirklichkeit in Kategorien von gestern, heute und morgen. Weil wir es so wahrnehmen und so erleben, sind wir auch davon überzeugt, dass unsere subjektive Wirklichkeit die objektive Realität ist.

Tatsächlich aber ist es *unsere* Wirklichkeit – in dem Sinn, dass das, was wir wahrnehmen, eine Wirkung auf uns hat. Würden wir z. B. mit dem Betrachtungswinkel immer näher an uns heranzoomen und uns zunehmend mikroskopisch betrachten, würden wir erkennen, dass wir bei weitem keine geschlossene Einheit und auch keine feste Materie sind.

Das innere eines Atoms besteht im Wesentlichen aus leerem Raum – um die massereichen Kern rasen die Elektronen mit hoher Geschwindigkeit. Das Atom ist ein Kraftfeld, das Wellen elektrischer Energie aussendet. Die Energiewellen können gemessen und ihre Auswirkungen gesehen werden. Sie haben keine Substanz, ihre materielle Wirklichkeit besteht aus Elektrizität.

Weil wir (wie alles) nur aus Atomen bestehen, sind wir – aus der Perspektive der atomaren Betrachtung – eine (momentan) verdichtete Formation von Wellen, die über uns hinausweisen und durch uns hindurchgehen.

Der deutsche Physiker Albert Einstein bekam den Nobelpreis 1921 für seinen Beweis des Welle-Teilchen Dualismus. Er konnte zeigen, dass Licht sowohl Teilchen als auch Welle ist. Es besteht aus sogenannten Photonen, aus Teilchenpaketen, die einen Wellencharakter haben. Das heißt: Materie bewegt sich in Wellen. Wellen bestehen aus Teilchenpaketen. Heute wissen wir, dass alles aus diesen beiden Grundelementen besteht. Gleichzeitig.

Für unseren Verstand scheint das ein Widerspruch in sich: Wellen breiten sich im Raum aus und haben in einem bestimmten Moment keinen singulären Platz – sie können zeitgleich an verschiedenen Stellen sein und einander durch Überlagerung verstärken und abschwächen. Teilchen hingegen können in einem Moment nur an einen bestimmten Platz sein und dort mit ihrer gesamten Energie wirken. Überall oder an nur einem Platz? Sowohl als auch! Relative oder absolute Energie? Ja und ja. Beides.

„Für das weitere Verständnis der Aufstellungsphänomene ist es hilfreich zu wissen, dass es in der Teilchenphysik das Zwei-Säulen-Modell gibt. Die erste Säule ist durch die Materie des Universums gekennzeichnet, die aus zwölf Elementarteilchen besteht. Die zweite Säule beschreibt die Energie des Universums, die sich hier als elektromagnetische, starke und schwache Kraft zeigt, wobei die Kräfte wiederum durch Teilchen übertragen werden.

Mit dieser vielleicht kompliziert erscheinenden Betrachtung will ich verdeutlichen, dass es im Universum nur zwei Grundsubstanzen gibt. Es gibt ausschließlich Energie und Materie. Nach dem Welle-Teilchen-Dualismus sind diese beiden Grundsubstanzen Erscheinungsformen ein und desselben, ja sie sind in gewisser Weise sogar dasselbe: Materie weist einen Wellencharakter auf und Wellen bewegen sich in Teilchenpaketen." (Hartung 2014, S. 68)

Das Universum ist ein geschlossenes System. Alles darin besteht aus nur zwei Grundsubstanzen – Materie und Energie. Auch wir bestehen aus diesen beiden Substanzen. Weil in einem geschlossenen System die Energie weder zu- noch abnehmen kann, sprechen wir von der immer selben Energie – mindestens seit dem Urknall. Es gibt nur eine einzige Energie in immer gleichem Umfang. Jede Materie ist eine Erscheinungsform dieser Energie, d. h., Materie ist eine Verdichtung der Energie. Wir alle sind dieselbe Energie in verschiedenen Erscheinungsformen. Wir sind alle dasselbe (siehe Abb. 1.1 Energie und Materie).

Auf der spirituellen Ebene sprechen wir angesichts des Eins-Seins als Erscheinungsformen derselben Energie vom Eins-Sein als Bewusstsein. Wir alle sind ein und dasselbe Bewusstsein. Das lateinische Wort für Bewusstsein ist *Conscientia* – Mitwissen. Bewusstsein ist Mitwissen. Der Begriff weist womöglich darauf hin, dass wir Teilhabe an einem Wissen haben. Diese Annahme entspricht den Theorien verschiedener Wissenschaftler, die davon überzeugt sind, dass Information/Wissen/Bewusstsein der Urstoff des Universums sei. Demnach wären Welle und Teilchen Erscheinungsformen von Information (Wissen) (Hartung 2014, S. 111–119).

Alles ist eine Manifestation des Bewusstseins, so steht es sinngemäß in der Bhagavad Gita, einer der zentralen Schriften des Hinduismus, die vermutlich zwischen dem 5ten und 2ten Jahrhundert vor Christus entstanden ist. Das menschliche Selbst (Atman) gilt hier als identisch mit dem eigentlich Wirklichen, dem Unbenennbaren (Brahman). In der Bhagavad Gita wird es so beschrieben:

„Von Sinnesbanden unbeschränkt, erglänzt es wie durch Sinneskraft. Es trägt das All, und unberührt genießt es jede ‚Eigenschaft'. Ist in und außerhalb der Welt, fest und beweglich, Ardschuna, so fein, dass niemand es gewahrt. Es ist zugleich entfernt und nah. Zerteilt durchdringt die Wesen es und bleibt in Wahrheit ungeteilt. Erhält ihr Sein durch seine Kraft, schafft und zerstört sie unverweilt. Das

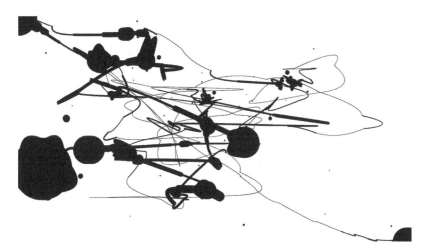

Abb. 1.1 Energie und Materie – in den Bildern von Jackson Pollock (die wir hier laienhaft imitiert haben) scheint das Verhältnis von Energie und Materie – von schwingender Welle und verdichtetem Teilchen – ein Gestaltungsprinzip zu sein

‚Licht der Lichter' heißt man es, das jenseits alles Dunkels thront, Erkennen und Erkenntnisziel; in jedes Wesens Herz es wohnt." (Bhagavad-Gita 13. Gesang 14–17)

1.2 Geist und Körper

Aus der Traumaforschung wissen wir, dass Erfahrungen, die wir machen, über die komplexen Abläufe im Hirn mittels eines biochemischen Cocktails zur körperlichen Wirklichkeit werden. Unsere Erfahrungen sind mit Gefühlen verbunden, die wiederum zur Ausschüttung von Hormonen führen, die eine bestimmte Reaktion auslösen und damit bestimmte Wirkungen auf unseren Körper haben, die langfristig zur Identifikation führen (*„ich bin eher der nervöse Typ"*). Vertiefte Informationen hierzu finden Sie im *Lehrbuch der Systemaufstellungen.*

Bei besonders heftigen Erfahrungen wie bei einem Trauma, das unsere Fähigkeit zur Verarbeitung in diesem Moment übersteigt, wird förmlich die Brücke zwischen rechter und linker Hirnhälfte gekappt. Die Erfahrungen können im limbischen Hippocampus nicht zeitlich eingeordnet und im Broca-Sprachzentrum in der linken Hirnhälfte nicht versprachlicht werden. Sie verbleiben so als „Imprint" im Dauer-Jetzt des emotional aufgeladenen limbischen Systems. Die Amygdala, der Mandelkern im limbischen System feuert unvermindert weiter, als sei durch das andauernde Jetzt andauernd Bedrohung gegeben. Das führt zu Dauerausschüttungen von Stresshormonen. Mit deren Überdosierung wird eine Körperwirklichkeit gezeitigt, die für viele Menschen zahlreiche Belastungen mit sich bringt.

Über diese Vorgänge berichtet Bessel van der Kolk eindrücklich in seinem Buch *„Verkörperter Schrecken"* (Van der Kolk 2015). Angesichts dieses Ablaufs wird auch deutlich, wie der Prozess der Wirklichkeitserstellung durch eine Erfahrung geschieht: von neuronalen Verbindungen über Hormonausschüttungen zur körperlichen Wirklichkeit.

Mit der Aufstellungsarbeit machen wir uns diese Erkenntnisse der Hirnforschung zunutze. Hier ermöglichen wir Erfahrungen, die vielleicht niemals in der Biografie, in jedem Fall aber in einer Aufstellung stattfinden können. Unserem Wirklichkeits-Erleben ist es gleich, woher die Erfahrungen kommen – die Abläufe im Hirn sind strukturell dieselben und führen entsprechend zu neuen Wirklichkeiten im Körper. Und weil wir in Aufstellungen Erfahrungen durch alle Zeiten möglich machen können, ist es tatsächlich möglich, schrittweise eine von Trauma befreite Identität zu entwickeln. Natürlich gilt diese Wirklichkeitsherstellung nicht nur im therapeutischen Bereich. Sie gilt überall da, wo wir im Miteinander Erfahrungen machen.

Übertragen auf die Online Aufstellungen bedeutet dies: Stellen wir uns in der Imagination auf eine Stellvertreterposition, dann nehmen wir Gefühle wahr, die – solange wir in der Position bleiben – immer mehr zur Wirklichkeit des Erlebens werden. Das gilt für Präsenzaufstellungen ebenso wie für das Geschehen am Bildschirm. Und es geschieht bei beiden bisweilen mit einer solchen Heftigkeit, dass wir die Stellvertreter bitten, sich nicht gänzlich mit der Stellvertreterfunktion zu identifizieren, sondern ihre jeweiligen Erfahrungen von einer Beobachterposition wahrzunehmen.

1.3   Die Superposition, das Weltmeer der Möglichkeiten

Alles ist möglich, weil alles in Allem enthalten ist – bis zu dem Moment, in dem wir in eine Verbindung mit der Gesamtheit treten und daraus ein einzelnes Ergebnis erfahren. Nachdem der Welle-Teilchen Dualismus unsere Erkenntnisse über die wahre Substanz der Existenz revolutionierte, gab es zahlreiche Experimente, die sich mit dem neu gewonnenen Wissen rund um den Beobachtereffekt befassten.

Im Jahr 1927 entdeckte Louis de Broglie im Rahmen seiner Lichtbeobachtungen, dass er immer das sah, was er untersuchen wollte: Baute Broglie eine Versuchsanordnung auf, um zu untersuchen, ob das Licht eine Welle sei, zeigte es sich als Welle. Bei dem Versuch, es als Teilchen zu sehen, zeigte es sich als Teilchen. Broglie konnte einfach keine Versuchsanordnung bauen, die es ihm ermöglicht hätte, die beiden Qualitäten des Lichts gleichzeitig zu sehen. Er verstand außerdem, dass sich immer das zeigte, was er betrachten wollte. Die Art, wie sich das Licht zeigte – mal als Welle, mal als Teilchen – hing immer direkt von seiner Untersuchungsabsicht ab. Seine Beobachtungsintention bestimmte, was er beobachten konnte (Hartung 2014, S. 66–73).

Der deutsche Physiker Werner Heisenberg (1901–76) fasste die Erkenntnisse sinngemäß mit den Worten zusammen, dass es keinen objektiven Zustand der Natur gebe, weil Betrachter und Betrachtetes eins seien. Mit dieser Aussage befand er sich in geistiger Nachbarschaft zu dem indischen Philosophen Ramana Maharshi (1879–1950), der ebenfalls gesagt hatte, Beobachter und Welt seien eins: »Einheit – alles, die Welt, die Du siehst und Du selbst, als Betrachter der Welt, ist Eins« (Maharshi 1985)

Auch andere Wissenschaftler kamen zu diesem Ergebnis. Der Betrachter ist das relative Element eines Systems, das sich intentional selbst betrachtet und seine Bedürfnisse reguliert.

Der relative Charakter des Betrachters verweist darauf, dass das Betrachtungssystem aus Betrachter und Betrachtetem im Moment der Betrachtung absolut ist. Ohne absolutes Betrachtungssystem gibt es keinen relativen Betrachter und umgekehrt. Diesen Umstand erkennen wir auch in Aufstellungen. Obwohl das betrachtete System im Verhältnis zum universalen System ein relatives ist, verstehen wir das, was im Aufstellungsfeld auftaucht, schließlich als absolut, d.h., als für sich stehend. Das ist so, weil die bestehende Interdependenz zum Umfeld des aufgestellten Systems für die sich zeigenden Beziehungen keine weitere Bedeutung hat.

Als relative Betrachtungselemente eines solchen absoluten Systems nehmen wir seine relativen Aspekte wahr. Das absolute System schaut sich „willentlich" bestimmte Aspekte seiner selbst durch unsere relativen Augen an. Eine Trennung zwischen Betrachter und Betrachtetem gibt es nicht. Der Betrachter betrachtet sich selbst oder eben weitergefasst: Das Ganze betrachtet sich selbst. (Hartung 2014, S. 82–83)

Über die hier beschriebenen Phänomene sagte der Philosoph Salomo Friedlaender (1871–1946), sie umfassten das Wesen des universalen ungeteilten Einen. Dieses Eine sei zugleich alles und nichts. Friedlaender sprach vom Individuum, in dem alles ungeteilt enthalten ist. Erst im Moment seines Heraustretens – im

Moment seiner Existenz also – teilt sich das Individuum und zeigt eine einzige der zahlreichen Wirklichkeiten, die ihm innewohnen (Friedlaender 1925).

Ein solcher Eins-Zustand wird quantenphysikalisch als „superpositorisch" bezeichnet. Die Superposition eines Systems beschreibt seinen Zustand als ungeteilte Entität aller inhärenten möglichen Zustände im Überlagerungszustand. Erst in der Existenz, erst in der Begegnung oder im Moment der Betrachtung (auch: Visualisierung) zeigen sich die Möglichkeiten als wirkliche Systemaspekte – mal so, mal so. Erinnern Sie sich noch an Schrödingers Katze?

1.4   Darum funktionieren Aufstellungen (auch online)

Angesichts der naturwissenschaftlichen Beweise und mit großem Respekt vor Jahrtausende altem Wissen – wir sollten uns eigentlich nicht mehr fragen, wie wir etwas von anderen wahrnehmen können, wenn sie nicht im selben Raum mit uns sind, sondern „nur" auf unserem Bildschirm. Wir sollten uns eher wundern (bzw. eine besondere Aufmerksamkeit darauf lenken), wenn wir etwas nicht wahrnehmen – schließlich sind wir das selbst da auf dem Bildschirm vor uns. Und wenn wir uns selber nicht wahrnehmen, ist das vielleicht ein Grund, genauer hinzuschauen.

Wir sind (natürlich) nicht das andere Ego. Wir sind nicht die fremde Biografie und nicht der andere Körper, diese spezielle Formation von Energie. Wir sind nicht der an irgendeinem Ort akkulturierte und sozialisierte Charakter. All das sind wir nicht. All das ist der andere vor uns auf dem Bildschirm. Darin unterscheiden wir uns von ihm.

Wir alle aber sind (natürlich) ein und dieselbe energetische schwingende Substanz, an keinem festen Ort, non lokal, überall. Wir sind alle die eine Energie. Wir sind das *„Unbenennbare"*, das eins bleibt, wenn es sich teilt, um uns zu durchdringen, so wie es die Bhagavad Gita besingt.

Weil unsere energetische Substanz als Welle schwingt, schwingen wir als Eins. Wir erzeugen einen Resonanzraum, in dem jede Wirklichkeit möglich wird, die wir uns vorstellen, entsprechend emotional erfahren und in unseren Körper „fallen" oder ihn „passieren" lassen. Dann haben wir Ein-Fälle. Und dann passiert uns etwas, es geht durch uns hindurch. Wir sind der Container für das, was einfällt. Wir sind das Medium für die Passage.

Das Verhältnis zwischen dieser einzigen Energie und uns gleicht dem einer holografischen Platte zu ihren Splittern, die die vollständige Information der ganzen Platte beinhalten. Obwohl wir nur ein Teil, bzw. ein Aspekt der Energie sind, tragen wir als verkörperter „Splitter" ihre gesamte Information in uns. Unsere energetischen Körper sind deshalb vollkommen. Unsere energetische Vollkommenheit umfasst das Alles und sie umfasst das Nichts. Ohne das Nichts wären wir nicht vollkommen.

Wir sind, und wir sind nicht. Wir wissen alles, wirklich alles, weil wir die Energie sind, aus der alles ist. Und wir wissen zugleich nichts, weil wir die Vollkommenheit des großen Ganzen in uns tragen, in der auch das Nichts ist. Weil Energie und Materie die beiden einzigen Zustände des Universums sind, muss nun das universale Wissen ein Teil, ein Aspekt oder gar ein Zustand dieser beiden elementaren Substanzen sein. Wenn wir mit unserem energetischen Körper wahrnehmen, kommen wir mit dem universalen Wissen unmittelbar in Berührung. Und dasselbe gilt auch für unser Bewusstsein, das als energetische Qualität untrennbarer Teil des universalen Bewusstseins ist. Als ein Aspekt der Energie ist unser Bewusstsein überall und nirgends zugleich.

Es geht also mit Blick auf Aufstellungen nicht um die Frage, ob Wissen um uns herum ist, und es geht auch nicht um die Frage, wie irgendein Wissen bzw. eine Information unseren Körper transzendieren kann, und dadurch zu transzendentaler Erkenntnis wird. Denn das Wissen ist bereits in uns, weil wir das Wissen sind, bzw. daraus bestehen. Es geht deshalb ausschließlich um die Frage, wie wir einen Zugang zu unserer wissenden Qualität zu bekommen. Wie also können wir uns an das erinnern, was wir bereits wissen? (Hartung 2014, S. 71–72)

Unser Bewusstsein ist überall und nirgends. Die Frage bleibt, wie wir uns auf unsere Wahrnehmungen der Resonanz einlassen und sie in unser Bewusstsein überführen können. Eben das vermitteln wir (unter anderem) in unseren Aufstellungsausbildungen. Wir lehren nicht die Wahrnehmung, wir lehren die Bewusstwerdung unserer wahrnehmenden Natur, die im Sinne der Quantenphysik non lokal ist. Sie ist nicht an Räume und nicht an Zeit gebunden, sie schwingt relativ in der von Einstein entdeckten Raumzeit. Im *Lehrbuch der Systemaufstellungen* beschreiben wir ausführlich und detailliert, wie die Kunst der resonanten Wahrnehmung vermittelt werden kann (Hartung und Spitta 2020).

Regeln für Online Aufstellungen

2

Dass Aufstellungen am Bildschirm ebenso funktionieren (müssen) wie Präsenzaufstellungen, scheint also einleuchtend. Zugleich gelten in dem anderen Medium natürlich einige technische Bedingungen und Verhaltensregeln, die beachtet werden sollten, damit die Kunst der Verbindung im virtuellen Raum gelingt.

2.1 Technik

Bei Bildschirm, Kamera und Mikrofon kommen wir nicht umhin, darauf hinzuweisen, dass Setting und Technik wichtige Aspekte für eine gelungene Online Aufstellung sein können. Wir sagen bewusst „können", denn wir haben genügend Online-Prozesse erlebt, in denen die schlechte Qualität der Technik keinen wirklich störenden Einfluss auf das Geschehen und die Wahrnehmung hatte.

Tatsächlich scheint es sogar bisweilen so, dass die Technik förmlich „mitmacht". Es geschieht z. B. immer wieder, dass im entscheidenden Moment ein Bild einfriert oder angesichts einer drohenden Auseinandersetzung zwischen zwei Stellvertretern der eine plötzlich vom Bildschirm verschwindet und keine Chance mehr hat, sich wieder in das Meeting einzuwählen.

Wir waren auch wiederholt Zeuge davon, dass sich Lichtverhältnisse verblüffend analog zum Geschehen in der Aufstellung oder zum Zustand eines Stellvertreters änderten. Wir sind nicht die einzigen, die derartige Beobachtungen gemacht haben und deshalb davon überzeugt, dass der Bereich der Interaktion zwischen Technik und Mensch im Aufstellungsgeschehen ein spannender und möglicherweise auch zunehmend wichtiger Forschungsbereich ist. Das macht nicht zuletzt die multidimensionale Aufstellungs-Applikation von

© Der/die Autor(en), exklusiv lizenziert durch Springer Fachmedien Wiesbaden GmbH, ein Teil von Springer Nature 2020
S. Hartung und R. Remy, *Online-Aufstellungen*, essentials,
https://doi.org/10.1007/978-3-658-32376-9_2

Jürgen Bergauer deutlich, die wie Ihnen in Abschn. 3.4 *Digital Constellation* vorstellen.

Für die, die eine Aufstellung leiten, ein Gruppen-Meeting für professionelle Teams und private Klienten anbieten oder auch ein Online Training für Aufstellungsarbeit (oder unter Zuhilfenahme von Aufstellungsarbeit) anbieten, ist in jedem Fall eine gute technische Ausrüstung empfehlenswert – mit der Qualität der Technik steigt der professionelle Gesamteindruck, besonders da, wo mit Aufstellungen im Businesskontext gearbeitet wird. Wir nennen hier keine Produktanbieter und auch keine speziellen Produkte, beschreiben aber, worauf Sie achten sollten.

2.1.1 Setting + Hintergrund

Wählen Sie ein neutrales Setting. Bedenken Sie, dass jedes Detail auf Ihrem Bildschirm etwas über sie sagt, zumal dessen Interpretation ausschließlich bei Ihren Teilnehmern liegt. Optimal ist daher, wenn nichts von Ihnen ablenkt. Entscheidend ist Ihre Präsenz, unwichtig bis störend können hingegen Gegenstände aus Ihrer Wohnungseinrichtung sein.

Bedeutungssymbole wie Logos, Fahnen oder ähnliches sind für das Aufstellungsgeschehen nicht nötig, es sei denn, Sie gehören z. B. zu einer Unternehmensberatung und bieten Ihr Aufstellungsmeeting im Rahmen einer Teamentwicklung, eines Vertriebs- oder eines Führungstrainings an.

Erfahrungsgemäß eignen sich neutrale, einfarbige Hintergründe mit einem Farbspektrum, das mit Ihrem Teint harmonisiert. Auch Bücherregale bieten in der Regel einen guten Hintergrund. Bei Arbeitsplätzen, die keinen optimalen Hintergrund erlauben, eignen sich virtuelle Hintergrundbilder, auch wenn die Technik hier immer noch nicht wirklich befriedigende Ergebnisse bietet. Manche Anbieter erlauben die einfache Installation solcher Hintergründe, die Zahl der Motive ist grenzenlos – Voraussetzung hierfür ist allerdings eine genügend hohe Rechnerkapazität Ihres Computers.

2.1.2 Kunstlicht

Wichtig ist eine gute Ausleuchtung, die auf Warm- und Kaltlichtanteile achtet. Zu gelbes Licht wirkt ebenso verfälschend wie zu blaues Licht. Zu warmes, gelbes Licht lässt die Haut oft violett-rötlich erscheinen, zu blaues Licht taucht sie wiederum in einen orange-grauen Schleier.

Optimal ist eine Tageslichttemperatur des künstlichen Lichts zwischen 5600 und 7000 K. Hierfür gibt es im Handel zahlreiche Angebote für Tageslicht LEDs in vielen Varianten. Bei entsprechender Lichttemperatur der LEDs kann übrigens ein positiver Nebeneffekt die Anregung von Serotoninausschüttung sein – das Hormon fördert bekanntlich Glücksgefühle.

Die sogenannte Dreipunktbeleuchtung sorgt für optimale Lichtverhältnisse. Eine Leuchte gegenüber dem Gesicht des Moderators – das sogenannte *Führungslicht* neben der Kamera – sollte von diagonal rechts strahlen, damit der Betrachter nicht geblendet wird. Das Führungslicht ist das Hauptlicht der Ausleuchtung. Es steht in einem Winkel von ca. 45° neben der Kamera und kommt von schräg oben.

Eine weitere Lampe – das sogenannte *Aufhellungslicht* – es wird auf der anderen Kameraseite, ebenfalls 45° zur Kamera-Objekt-Achse platziert. Die Aufhellung reduziert die Schatten im Gesicht, die durch das Führungslicht entstehen. Bei Brillenträgern ist darauf zu achten, dass sich die Lampen nicht zu sehr in den Brillengläsern spiegeln. Die beiden Lampen sollten also etwas über Gesichtshöhe sein, wiewohl nicht zu hoch. Zu steiles Licht von oben (oder von unten) wirft Schatten auf tieferliegende Gesichtspartien.

Hinter dem Moderator und gegenüber dem Führungslicht wird das sogenannte *Spitzlicht* oder auch *Gegenlicht* gesetzt. Es hebt den Moderator vom Hintergrund ab. (siehe Abb. 2.1).

2.1.3 Tageslicht

Geeignet ist auch ein heller Tageslichtraum, allerdings ändern sich bei längeren Meetings natürlich die Lichtverhältnisse, was von Nachteil sein kann. Sonneneinfall kann z. B. zu plötzlichen Verdunklungen oder zur Überblendung einzelner Gesichtspartien führen.

Wenn Sie direkt gegenüber einem Fenster vor dem Computer sitzen, kann das Tageslicht das Kunstlicht Ihres Bildschirms überstrahlen oder Sie blenden. Sitzen Sie mit dem Rücken zum Fenster, überstrahlt das von hinten einfallende Licht Ihr Gesicht, das so im Schatten liegt. Besser ist ein von der Seite, optimal ein von vorne diagonal einfallendes Licht (siehe Abb. 2.2).

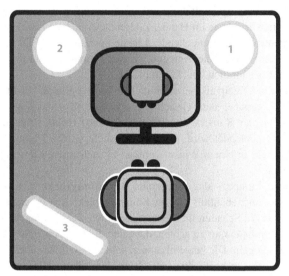

Optimal ist die Dreipunktbeleuchtung aus Führungslicht (1),
Aufhellungslicht (2) und Spitzlicht (3).

Abb. 2.1 Dreipunktbeleuchtung

2.1.4 Kamera

Videoübertragung braucht viel Bandbreite für ein großes Datenvolumen. Beim
WLAN kann die Übertragung schnell gestört werden. Am besten schließen Sie
den Rechner direkt per Kabel an den Router an.

Nehmen mehrere Mitarbeiter einer Firma bei einer Gruppensitzung teil und
sitzen im selben Firmengebäude, braucht das Unternehmen entweder einen
Hochleistungs-Internetzugang oder eventuell verschiedene Internetleitungen.

Die meisten Rechner sind mit einer Kamera ausgerüstet, deren Qualität den
gängigen Ansprüchen genügt. Ist das nicht der Fall, gibt es zahlreiche Angebote von einfachen Webcams bis hin zu aufwendigen Videokonferenz-Systemen.
Wichtig ist die Platzierung der Kamera am oberen Rand des Bildschirms, vor dem
Sie sitzen.

Manche User loggen sich mit ihren Laptops, iPads oder Handys in Meetings
ein und zeigen sich oft aus einer nicht optimalen Perspektive, weil die Kamera

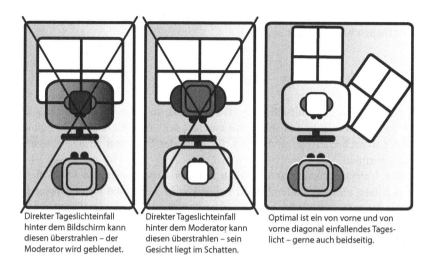

Direkter Tageslichteinfall hinter dem Bildschirm kann diesen überstrahlen – der Moderator wird geblendet.

Direkter Tageslichteinfall hinter dem Moderator kann diesen überstrahlen – sein Gesicht liegt im Schatten.

Optimal ist ein von vorne und von vorne diagonal einfallendes Tageslicht – gerne auch beidseitig.

Abb. 2.2 Tageslichteinfall

deutlich unterhalb des Gesichts platziert ist. Als Moderator (und auch als Teilnehmer) sollten Sie der Kamera immer auf Augenhöhe gegenübersitzen – genauso sieht Sie dann auch Ihr Gegenüber. Niemand möchte das Gefühl haben, zu Ihnen aufschauen zu müssen, besonders dann nicht, wenn Sie eine vertrauensvolle Atmosphäre herstellen möchten.

Aufsteller, die mit einer 2ten Kamera arbeiten, die auf ein Aufstellungsbrett gerichtet ist, müssen auch bei diesem Setting auf ausreichend Licht und eine feste Einrichtung der Kamera achten. In der Regel ist die 2te Kamera ein Mobilphon, mit dem man sich als ein weiterer Teilnehmer einloggen kann. Manche Gruppen Formate erlauben auch die Darstellung einer zweiten Kameraperspektive. Mehr dazu finden Sie im Abschn. 3.2 *Zweidimensionale Online Aufstellungen.*

2.1.5 Bildschirm

Ein großer Bildschirm hilft Ihnen, die Gesichter der Teilnehmer gut zu erkennen – auch dann noch, wenn Sie Ihre Bildschirmansicht mit anderen teilen, um über etwas zu referieren oder etwas zu demonstrieren. Manche Kollegen arbeiten auch mit zwei Bildschirmen, sodass die Gruppe immer auf einem Bildschirm sichtbar bleibt, während auf dem anderen Bildschirm z. B. geteilte Inhalte oder ein Vortrag, der gehalten wird, sichtbar sind.

2.1.6 Ton

Je professioneller die Aufstellungsveranstaltung, desto professioneller sollte auch der Ton sein. Ein Bild darf schon mal unscharf sein, ein knarzender oder immer wieder abbrechender Ton stört immer. Ein hallender Ton klingt unangenehm und wenig vertraut.

Die Umgebung sollte grundsätzlich frei von Nebengeräuschen sein, offene Fenster oder auch der Aufenthalt im Freien können der Grund für umfangreiche Störungen sein. Natürlich aber gibt es auch Nebengeräusche im Raum – jenseits klingelnder Telefone oder typischer Computersounds etwa beim Empfang einer Mail (solche Sounds können in den Systemeinstellungen stumm geschaltet werden).

Eine wirklich professionelle Audiotechnik kann durchaus zur teuren Investition werden.

Für einen ausreichend guten Ton eignen sich aber durchaus kostengünstige Headsets oder Ansteckmikrofone. Empfehlenswert ist eine direkte USB-Steckerverbindung mit dem Computer – Bluetooth Technik ist erfahrungsgemäß störanfällig was die Kommunikation anstrengend werden lassen kann.

Zur Technik fassen wir zusammen: Virtuelle Räume sind technisch evozierte Räume – sie fordern einen entsprechenden Umgang, und die Aufmerksamkeit auf Licht- und Bild- und Tonqualität lohnt sich in jedem Fall.

2.2 Online Verhaltens-„Knigge"

Ist die Technik zur Zufriedenheit eingerichtet, lohnt es sich, bestimmte Verhaltensregeln zu beachten. Zwar sind sie nicht wirklich anders als unsere allgemein gültigen sozialen Regeln. Auf dem Bildschirm aber wirkt die Nichtbeachtung erfahrungsgemäß stärker, weil es nicht soviel Ablenkung durch andere Eindrücke gibt. Wir haben hier einige Regeln für einen „Online-Knigge" zusammengestellt.

2.2.1 Bedingungen für Bedingungslosigkeit

Unabhängig davon, ob es sich um Organisationsaufstellungen oder um Systemaufstellungen handelt – wo Menschen die Protagonisten in Aufstellungen sind (und
nicht z. B. Produkte oder Märkte), da geht es immer um diese drei existenziellen
Bedürfnisse:

1. Menschen brauchen einen guten Platz im System – sie wollen ohne Bedingung
   dazugehören;
2. sie wollen bedingungslos geliebt werden;
3. sie wollen sicher sein, dass ihre Grenzen bedingungslos respektiert und
   geachtet werden.

Wir bringen (auch) in unseren Online Aufstellungen diesen drei Bedürfnissen
eine besondere Aufmerksamkeit entgegen und beschränken deshalb auch unsere
Gruppengrößen in der Regel auf max. 20 Teilnehmer. 1–2 h bevor unsere Online
Aufstellungen starten, schicken wir den Teilnehmern eine Erinnerung an die Veranstaltung und den Link zum Eintreten. Das reduziert die häufige Unsicherheit
darüber, ob die Veranstaltung überhaupt stattfinden wird. Zumal Teilnehmer nicht
selten den Link suchen, der ihnen eventuell zu einem früheren Zeitpunkt schon
einmal zugesendet worden war. Manche Veranstaltungsanbieter bieten den Ser-
vice der Vorabinformation und senden den Link einige Stunden und auch kurz
vorher.

Wir informieren unsere Teilnehmer auch darüber, dass wir bereits 15 min vor
dem Start da sein werden. Die Teilnehmer treffen einer nach den anderen ein,
und so bleibt für jeden die Zeit für kleines Begrüßungsgespräch. Zu Beginn der
Bildschirmarbeit verbinden wir uns energetisch (in unserer inneren Haltung) mit
jedem Mitglied der Gruppe.

Wenn möglich, warten wir immer, bis alle Teilnehmer eingetroffen sind, auch
wenn der Start sich dann ein wenig verschiebt. Wir laden zunächst die Teilnehmer ein, sich den anderen vorzustellen und kurz darüber zu informieren, ob sie
ein Anliegen mitgebracht haben, die anderen als Stellvertreter unterstützen oder
lediglich zuschauen möchten.

Steht im Falle eines Teamtrainings bereits fest, welches Thema bearbeitet werden soll, bitten wir die Teilnehmer, uns ihre Erwartungen an die bevorstehende
Veranstaltung oder Aufstellung zu nennen.

In der zweiten Runde gehen wir dann auf die einzelnen Anliegen/das Thema
ein. Dabei schreiben wir häufig mit – anders als bei den Präsenzaufstellungen
hat sich das bei unseren Online Meetings zur Gewohnheit entwickelt. Das führt

dazu, dass wir wiederholt nach unten blicken. Wir erklären das den Teilnehmern immer, damit sie nicht das Gefühl von Desinteresse oder nicht gesehen
werden bekommen. Im Wesentlichen informieren wir über alle Bewegungen und
Veränderungen.

Unsere Erfahrung ist: Wir verwenden deutlich mehr hypnotherapeutische Elemente in der Gesprächsführung als in unseren Präsenzaufstellungen. Das macht
es den Klienten und vielleicht auch uns selber leichter, in ein gemeinsames resonantes Schwingen zu kommen und präzise Wahrnehmung zu haben. Um die
Teilnehmer zu versichern, dass wir sie sehen (im Sinne des Erkannt-Werdens),
wiederholen wir öfter als in Präsenzaufstellungen, was wir verstanden haben.
Weiterführende Tipps für die Online Kommunikation finden Sie im Abschn. 2.2.4
Kommunikation.

Wir erfahren an uns selber zum Teil stärkere körperliche Reaktionen als in Präsenzaufstellungen. Atmet z. B. jemand flach, bekommen wir bisweilen Atemnot,
und wird jemand ärgerlich, spüren wir das als leichtes Brennen an der Seite des
Halses. Unsere Körpersymptome teilen wir – wo vertretbar – den Teilnehmern
mit.

Wir haben in den letzten Monaten während des Lockdowns unzählige internationale online Aufstellungsgruppen und Trainings geleitet – zu individuellen und
privaten Themen ebenso wie zu organisationalen Themen – und waren mit verschiedenen Sprachen und Kulturen konfrontiert. Die gemeinsame Sprache war in
der Regel englisch – für viele Teilnehmer eben nicht die Muttersprache.

Wir haben daher zu Beginn einer jeden Veranstaltung darauf hingewiesen, wie
wesentlich es für Alle ist, dass langsam und in einfachen Sätzen gesprochen wird.
Das langsame Sprechen gilt natürlich auf für Teilnehmer eines selben Sprach-
raums – die Regel lautet: langsam sprechen und die Sprechpausen genügend
ausweiten, sodass andere die Möglichkeit haben, ihrerseits zu Wort zu kommen.

Wir weisen auch darauf hin, dass Stellvertreter bitte immer prüfen sollen, wie
weit sie mit den Äußerungen über ihre Wahrnehmung gehen können. Damit alle
einen sicheren Platz in der Gruppe haben, sollen sie besonders mögliche Folgen
einer Äußerung ihrer „negativen" Gefühle berücksichtigen.

2.2.2 Präsenz

Wenn jemand einen Raum betritt, erfassen wir ihn/sie in der ersten Sekunde –
wahrscheinlich unbewusst – vollumfänglich. Das tun wir nicht, indem wir bewusst
beobachten oder genau hinhören. Wir erfassen Menschen im ersten Moment in

ihrer Präsenz eher ganzheitlich. Dieses Erfassen ist ein wesentlicher Moment für die Aufstellung, es gleicht einem sich Einschwingen mit dem Anderen.

Erscheint jemand auf dem Bildschirm, erfassen wir ihn auch ganzheitlich, gerade aber die Ungeübten haben vielleicht die Tendenz, sich mit Informationen zu beschäftigen, die vom Erfassen ablenken können. So kann zum Beispiel die Lichtsituation eine besondere Bedeutung haben.

Da – besonders seit dem Lockdown und der Einrichtung von Homeoffices – viele Menschen vor dem Bildschirm in ihrem privaten Umfeld erscheinen, kann es geschehen, dass wir unwillkürlich Einordnungen vornehmen, weil wir eine bestimmte Dekoration im Raum, ein Bild an der Wand oder auch ein Bett im Hintergrund sehen.

Ungeübte beschäftigen sich am Anfang oft auch intensiv mit ihrem eigenen Erscheinen vor sich auf dem Bildschirm und sind dadurch leicht von anderen abgelenkt.

Für uns hat es sich als hilfreich erwiesen, die Teilnehmer über eine anfängliche Präsenzübung im Online-Treffen ankommen zu lassen. Zum Beispiel eignet sich eine Kurzmeditation bei geöffneten Augen. Die Aufmerksamkeit wird auf den eigenen Körper, den Atem und das eigene Innere gerichtet. Aus diesem inneren Raum heraus gelingt eine präsente Begegnung leichter. Auch die Wahrnehmung wird durch diese Übung leichter auf den leiblichen Raum und damit auf das Resonanzgeschehen ausgeweitet.

Dauert ein Treffen mit Online Aufstellungen länger, und werden mehrere Aufstellungen nacheinander gemacht, eignet sich die Wiederholung der Präsenzübung.

2.2.3   Verbindung

In Systemaufstellungen geht es um die Verbindungen im System, um die Verbindung eines Menschen zu sich selbst oder zu anderen. So gilt ein wesentlicher Teil der Aufmerksamkeit des Aufstellungsleiters der Herstellung von Verbindung.

In der Regel kann man am Bildschirm nicht erkennen, ob man angeschaut wird, weil Betrachter und Betrachteter einander nicht in die Augen schauen, sondern indirekt über die Kamera Kontakt miteinander aufnehmen bzw. auf Ihren Bildschirmen dahin schauen, wo sich der andere befindet. Mit ein bisschen Übung aber nehmen die Stellvertreter bald deutlich wahr, ob sie angeschaut werden, und wie in Präsenzaufstellungen haben das Hin- und das Wegschauen eine wesentliche Bedeutung. Da man als Aufstellungsleiter nicht immer erkennen kann, ob ein Stellvertreter einen anderen anschaut, regen wir an, die Stellvertreter immer wieder danach zu fragen.

Wie auch in Präsenzaufstellungen haben Stellvertreter auch in Onlineaufstellungen die Tendenz, über andere Stellvertreter in der dritten Person zu sprechen und diese auch nicht anzuschauen. Wir regen (auch) in unseren Online Aufstellungen immer wieder dazu an, Blickkontakt aufzunehmen und den anderen direkt anzusprechen.

2.2.4 Kommunikation

Wenn wir uns online miteinander austauschen, kommen dem Blickkontant und Sprechen eine besondere Bedeutung zu. Wir wissen: Kommunikation besteht nur zu 7 % aus Worten – zu 38 % besteht sie aus Stimme und zu 55 % aus Körpersprache (Mehrabian 1971) – siehe Abb. 2.3.

Das bedeutet: ein Großteil der Kommunikation fällt dem Bildschirm zum Opfer. Wir sehen wenig von der Körperhaltung der Anderen – eigentlich sehen wir meist nur Schulter und Kopf. Es gibt keine Bewegungen im Raum und wir

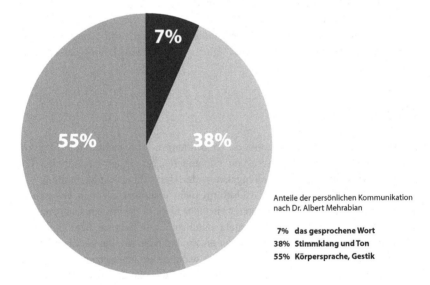

Anteile der persönlichen Kommunikation
nach Dr. Albert Mehrabian

   7%   **das gesprochene Wort**
38%   **Stimmklang und Ton**
55%   **Körpersprache, Gestik**

Abb. 2.3 Mehrabians 7/38/55 Regel

sehen auch kaum Gesten. Selbst die Mimik sehen wir in den kleinen Videokacheln nur eingeschränkt.

In den Fokus rückt was übrigbleibt: die Sitzhaltung, ein wenig Mimik und Gestik und vor allem die Stimme und unsere Sprechweise.

2.2.4.1 Sitzhaltung

Wie immer Sie gewohnt sind zu sitzen: Machen Sie sich klar, dass eine aufrechte Sitzhaltung eine andere unterschwellige Botschaft transportiert als eine legere Haltung mit hängenden Schultern – setzen sie sich aufrecht hin. Dafür hilft es übrigens, nicht auf der Stuhlkante zu sitzen, sondern die gesamte Sitzfläche zu nutzen und den Stuhl nah an den Schreibtisch zu ziehen. Setzen Sie sich bewusst aufrecht hin und richten Sie auch Ihren Kopf gerade auf den Schultern aus. Das trägt obendrein zu einer leichten Atmung bei, was wichtig für ihre Stimme ist – dazu mehr später.

2.2.4.2 Mimik und Gestik

Wissen Sie, was Ihre Hände tun, während Sie sprechen? Achten Sie besonders darauf – denn im Online Austausch fällt es mehr ins Ge(s)wicht. Wir empfehlen Ihnen, zu Beginn die Hände konsequent unterhalb Ihrer Schultern zu lassen – kein durch die Haare fahren, kein Kratzen der Nase, kein … (wir überlassen es gerne Ihrer Fantasie, was noch alles unbewusst geschehen kann). Beschränken Sie ihre Gesten bewusst auf solche, die den Inhalt Ihrer Worte unterstreichen.

Zur Mimik gehört auch Ihre Blickrichtung: Bemühen Sie sich, gerade in die Kamera zu schauen. Andernfalls wirken Sie abgelenkt und weniger im Kontakt mit ihren Zuhörern. Erklären Sie ggf. zu Beginn, dass Sie, wenn Sie nach unten schauen, Notizen machen – das erklärt den „fehlenden Blickkontakt".

Um überwiegend in die Kamera zu schauen, ist es auch hilfreich, Elemente, auf die Sie Ihren Blick viel richten, z. B. das Aufstellungsbord, auf ihrem Bildschirm direkt unterhalb der Kamera anzuordnen – und nicht etwa auf einem zweiten Bildschirm.

2.2.4.3 Stimme

Besonders wichtig – wenn nonverbale Signale nur eingeschränkt zum Tragen kommen – sind die sogenannten paraverbalen Signale. Das sind alle Begleiterscheinungen beim Sprechen: Intonation, Stimmlage, Sprechtempo und -lautstärke.

Wir möchten Ihnen nicht empfehlen, all diese Aspekte zu jeder Zeit bewusst zu steuern – sind sie doch auch unwillkürlicher Ausdruck Ihres Befindens – etwa, wenn Sie leiser sprechen, weil sie betroffen sind oder Mitgefühl empfinden.

Einige Hinweise haben sich aber in der Praxis ergeben und bewährt:

Stimmlage Probieren Sie mal aus, bewusst eine halbe Oktave tiefer zu sprechen als sonst. Eine hohe Stimme wird von den Anderen oft so interpretiert:

1. Der Sprecher/die Sprecherin ist nervös – denn bei Nervosität stiegt die Muskelspannung – auch im Kehlkopf – und damit rutscht die Stimme in eine höhere Tonlage.
2. Der Sprecher/die Sprecherin ist jung und unerfahren – denn mit dem Alter sinken bei den meisten Menschen die Stimmlagen um einige Töne nach unten.

Vor Beginn einer Online-Sitzung atmen wir in der Regel bewusst einige Male tief ein und aus, wir räuspern uns und summen uns ein (ja: wir summen einige Sekunden, damit unsere Stimme sofort Klang und Raum hat). Probieren Sie es aus.

Sprechtempo und Intonation Sprechen Sie bewusst ausreichend langsam und machen Sie Pausen. Ihre Zuhörer müssen viel über ihre Ohren aufnehmen – und das ist online schneller anstrengend als in Präsenz. Auch eine abwechslungsreiche, das Gesagte unterstreichende, Intonation (Satzmelodie) hilft Anderen, Ihnen zuzuhören. Das ist Ihnen sicher aus jeder Form von Gespräch vertraut. Im Online Kontext ist es nur noch wichtiger als ohnehin schon.

2.2.4.4 Sprechweise

Was wir Ihnen zur Sprechweise empfehlen, ist immer und in jeder Situation hilfreich – im Online Kontext aber nahezu unerlässlich: Sprechen Sie präzise, senden Sie klare Botschaften ohne unnötiges Füllmaterial. Also – äh – versuchen Sie sich irgendwie, ja, eben kurz und – hmmm – knapp zu fassen. Sie wissen sicher, was gemeint ist. Sprachwissenschaftler sprechen von Verzögerungslauten. Zu viele davon erschweren das Verstehen.

Manche Menschen neigen dazu, ihre Gedanken im Sprechen zu sortieren (häufig zu hören an einem eingestreuten „*genau*" als Bestätigung des eigenen gerade geformten Gedankens). Das ist für die Teilnehmer einer Aufstellung nichts Besonderes und wahrscheinlich Teil ihrer Bewusstwerdung. Den Aufstellungsleitern (Moderatoren) möchten wir hingegen empfehlen: Denken Sie erst und sprechen Sie dann.

2.2.4.5 Was außerdem die Verständlichkeit fördert

Vielleicht hat man Ihnen für eine Präsentation schon mal empfohlen: Sagen Sie, was sie sagen werden, dann sagen Sie es, und dann sagen Sie, was Sie gesagt haben.

Das klingt vielleicht im eigentlichen Online-Aufstellungs-Geschehen ein wenig übertrieben. Für das grundlegende Gruppengeschehen aber können Ankündigungen in Form von verbalen Überschriften für Ihre Zuhörer durchaus hilfreich sein. z. B. *„Ich erkläre jetzt kurz für diejenigen, für die unsere Arbeit neu ist, was man unter Aufstellungsarbeit versteht: …"* – oder: *„In den nächsten vier Minuten führe ich in das heutige Format ein und gehe dann bei Bedarf auf Ihre Fragen ein."* Und am Ende helfen Zusammenfassungen und die Wiederholung der wichtigsten Kernbotschaften. Denken Sie immer daran: Die Ohren Ihrer Teilnehmer sind mehr als sonst gefordert und sind dankbar für jeden Orientierungshilfe.

Im weitesten Sinne bewegen wir uns hier im Feld der Sprecherziehung. Wer das vertiefen möchte, dem sei ein Klassiker dazu empfohlen: *Sprechen wie der Profi: Das interaktive Training für eine gewinnende Stimme,* Monika Hein, Campus Verlag 2014.

2.2.4.6 Austausch

Ein anderer Aspekt der online-Kommunikation streift die Frage, wie man den Austausch organisiert. Unserer Erfahrung nach ist das in einem Onlinekontext sehr viel anspruchsvoller als in einer Präsenzveranstaltung. Hier unsere Empfehlungen dazu:

- Stellen sie offene Fragen UND sprechen Sie ihre Teilnehmer dann namentlich, ggf. der Reihe nach, an. Dies ist hilfreich, weil die TN nicht sehen können, wer zum Sprechen anhebt und deshalb häufig niemand spricht oder mehrere TN gleichzeitig das Wort ergreifen. Mitunter haben wir eine Liste mit allen Teilnehmenden vorbereitet, um dort abzuhaken, wen wir bereits angesprochen oder wer sich bereits zu Wort gemeldet hat.
- Geben Sie ggf. klare Zeitfenster vor, z. B. *„Jeder hat jetzt 2 min Zeit, um …"*. Timeboxing (ein Begriff aus der Scrum-Methodik) ist enorm hilfreich für einen strukturierten Austausch.
- Bitten Sie die Teilnehmenden, nicht zu unterbrechen, sondern mit anderen Mitteln auf sich aufmerksam zu machen (etwa die Hand zu heben – digital oder physisch vor der Kamera). Andernfalls werden Sie schnell einem Ping Pong aus *„Sag du"*- *„Nein du"*- *„Nein Du"* beiwohnen. Natürlich müssen Sie auf diese Signale achten und darauf reagieren.

- Achten Sie besonders auf nonverbale Signale und gehen Sie darauf ein. z. B. *„Maria, ich sehe Dich die Stirn runzeln – möchtest du dazu etwas sagen?"*.
- Achten Sie auf Schlüsselworte und schreiben Sie markante Formulierungen wörtlich mit, um sie an geeigneter Stelle aufzugreifen.
- Sichern Sie häufiger als Sie es wahrscheinlich sonst tun ab, dass wichtige Botschaften richtig verstanden wurden. Bitten Sie dazu um ein kurzes Signal in die Kamera (Daumen hoch hat sich bewährt).
- Bitten Sie die Teilnehmenden, wenn vorhanden, die Chat-Funktion zu nutzen. Dort können z. B. Fragen eingestellt werden oder Anliegen benannt werden. Natürlich sollten Sie den Chat dann auch im Blick behalten und darauf auf der Tonspur oder ebenfalls im Chat reagieren.

Zusammenfassend können wir festhalten, dass die Online Kommunikationsregeln nicht wirklich von den Präsenz-Kommunikationsregeln abweichen, vor allem da, wo in der Gruppe gearbeitet wird. Führung, Orientierung, Achtsamkeit und Respekt sind die Grundlagen für eine Kommunikation, die jedem offline wie online den benötigten Raum, die Aufmerksamkeit, die Zuwendung und die Sicherheit geben.

Drei Dimensionen der Online Aufstellungen

3

Online Aufstellungen sind eine präsentische Methode für die (mitunter lösungs-orientierte) Arbeit mit Beziehungsqualitäten in Systemen – im Internet. Was bis dahin nur von Einzelnen als virtuelle Methode zuvorderst im Coaching und in der Einzelarbeit und in ganz seltenen Fällen auch für die Gruppenarbeit genutzt worden war, beherrscht seit Anfang des Jahres 2020 – förmlich gezwungen durch Covid 19 und den damit verbundenen globalen Lockdown – weithin den internationalen Markt. In nur wenigen Monaten haben sich zahlreiche Varian-ten der Online Aufstellung in verschiedenen Settings und einer erstaunlichen Methodenvielfalt entwickelt.

Uns ist bewusst, dass die folgende Zusammenstellung einen kurzen Halb-wertcharakter hat – die technischen Entwicklungen werden schnell voranschrei-ten. Und angesichts des umfassenden Bedarfs wird die Zahl der Anbieter für Online-Aufstellungsapplikationen sicher weiterwachsen. Zugleich sind wir davon überzeugt, dass es für unsere Kollegen hilfreich ist, hier eine Übersicht an Applikationsmöglichkeiten zu finden, die sie wahlweise einsetzen können.

Für unser Buch haben wir drei Gruppen zusammengestellt, die wir nach ein-, zwei- und dreidimensionalen Formaten differenzieren. Innerhalb der jeweiligen Gruppen gibt es wiederum verschiedene Varianten.

3.1 Eindimensionale Online Aufstellungen

Mit dem Begriff *Eindimensionale Online Aufstellungen* meinen wir im Wesent-lichen: Aufstellungen ohne Hilfsmittel. Die Aufstellungen finden hauptsächlich in der Imagination der Teilnehmer statt.

Wie wir eingangs erläutert haben, tun sie das in einer gewissen Weise immer. Hier aber dient die erste Dimension der Differenzierung von Aufstellungen, die online, bzw. auf dem Bildschirm stattfinden. Eindimensionale Online Aufstellungen gibt es in der Gruppe oder im Einzelsetting.

3.1.1 Eindimensionale Online Aufstellungen in der Gruppe

In der Gruppe können Online Aufstellungen verschiedene Formen haben. Allen gemeinsam ist zunächst, dass der Klient nach dem Vorgespräch gebeten wird, Stellvertreter für die Protagonisten seiner Aufstellung auszusuchen. In manchen Fällen kann auch der Aufstellungsleiter die Stellvertreter benennen. Und in noch selteneren Fällen suchen die Teilnehmer intuitiv eine Stellvertreter Funktion für sich aus.

Die Stellvertreter können nun aufstehen und sich einen Platz in ihrem Raum suchen, sodass sie noch immer für die anderen Teilnehmer sichtbar bleiben, sich also im Feld ihrer Kamera aufhalten. Diese Bewegung der Stellvertreter ähnelt der Arbeit mit Präsenzgruppen oder auch der Arbeit mit Bodenankern. Sie suchen sich in ihrem Raum intuitiv einen Platz und berichten, was sie dort wahrnehmen. Natürlich ist ihr Bewegungsraum durch den Aufnahmebereich der Kamera definiert, bzw. eingeschränkt.

Die Stellvertreter können alternativ sitzen bleiben und sich vorstellen, in einem Raum oder auf einem freien Feld zu stehen. In manchen Aufstellungen kann es hilfreich sein, das Feld vorab als Spielfeld zu definieren, weil sich durch die imaginären Feldmarkierungen interessante Aspekte für die Aufstellung ergeben können. In einem imaginierten Feld können sich die Stellvertreter erfahrungsgemäß leichter aufeinander beziehen. Dasselbe gilt für einen imaginierten Raum, bei dem auch Größe und Deckenhöhe, Materialität und Farbe der Wände und des Bodens sowie Anzahl der Fenster und Helligkeit/Dunkelheit eine Rolle spielen können.

Die Stellvertreter können sich schließlich einfach in eine Stellvertretung einfühlen, die sie sich vorstellen. Dabei konzentrieren sie sich ganz auf die Frage, welche Wahrnehmung sie als Stellvertreter haben. Alle anderen „Hilfskonstruktionen" bleiben außen vor.

Es kann durchaus geschehen, dass verschiedene Stellvertreter in ein und derselben Aufstellung verschiedene Alternativen wählen – manche stehen auf, andere stellen sich vor, in einem Raum oder auf einem Feld zu stehen, wieder andere bleiben sitzen und konzentrieren sich ausschließlich auf die Wahrnehmung ihrer Stellvertretung.

Wir selber fanden es bisher hilfreich, die Art der Positionierung für alle gleich vorzugeben. Unabhängig von der Alternative der Positionierung befragen wir die Stellvertreter dann nach ihren Wahrnehmungen – hier gibt es keinen Unterschied zu Präsenz-Aufstellungen. Unsere Erfahrung ist lediglich, dass ab und an mehr gesprochen wird als in Präsenzaufstellungen, daher ist besonders hier die Moderation des Aufstellungsleiters wichtig.

Bei eindimensionalen Online-Aufstellungen in der Gruppe gibt es ein paar hilfreiche Gestaltungsmöglichkeiten. Unabhängig von der Wahl des Programms für ein Teammeeting (z. B. Microsoft Teams, Zoom oder Skype et.al.) besteht die Möglichkeit, dass die Teilnehmer, die keine Stellvertreterfunktion haben, ihre Kamera ausschalten. Bei manchen Anwendungen kann man zusätzlich die Teilnehmer mit ausgeschalteter Kamera ganz ausblenden (sie erscheinen dann wieder, wenn sie die Kamera wieder einschalten). So bleiben nur noch diejenigen sichtbar, die eine Funktion in der Aufstellung haben (siehe Abb. 3.1).

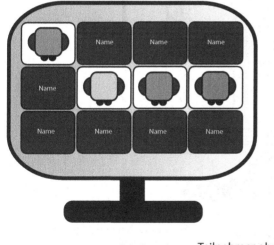

Teilnehmer ohne Stellvertreterfunktion schalten ihre Kamera ab.

Das erleichtert dem Aufstellungsleiter, dem Klienten und den Stellvertretern die Orientierung.

Abb. 3.1   Teilnehmer mit abgeschalteter Kamera

Es gibt außerdem die Möglichkeit, die Funktionsträger umzubenennen, bzw. hinter ihren Namen die Stellvertreterfunktion zu schreiben, also z. B. Hans = Vorgesetzter oder Gabi = Kollegin (siehe Abb. 3.2).

Alternativ oder auch zusätzlich können die Funktionen auch in die Chatbox geschrieben werden (siehe Abb. 3.3).

Eine Variante ist das Angebot an jeden Teilnehmer in der Gruppe, für sich eine der Stellvertreterfunktionen auszusuchen. Wenn zum Beispiel die Beziehung zwischen zwei Menschen das Thema ist, kann der Aufstellungsleiter die Teilnehmer einladen, sich eine der beiden Positionen für sich auszusuchen. Es gibt dann einen sogenannten Hauptstellvertreter und soundso viele Zweitstellvertreter für einen Protagonisten.

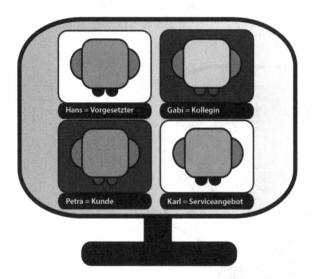

Wenn im Namensfeld die Stellvertreterfunktion steht, erleichtert das die Orientierung bei der Arbeit.

Abb. 3.2 Stellvertreterfunktion im Namensfeld

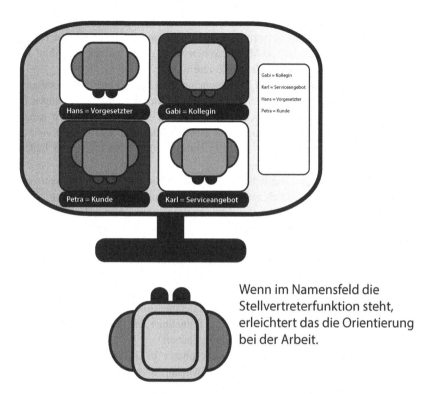

Wenn im Namensfeld die Stellvertreterfunktion steht, erleichtert das die Orientierung bei der Arbeit.

Abb. 3.3 Stellvertreterfunktion in der Chatbox

Diese Variante kann auch mit abgeschalteter Kamera der Zweitstellvertreter geschehen. Im Fall einer länger dauernden Aufstellung machen wir in der Regel einen Zwischencheck und bitten die Zweitstellvertreter, ihre Kamera anzuschalten und kurz zu bestätigen, dass sie noch anwesend und in ihrer Stellvertreterfunktion sind. Wenn sich der Moment eignet, fragen wir sie reihum nach ihren Wahrnehmungen zu ihrer Position. Dies Doppelt- und Dreifachbesetzung ein- und derselben Stellvertreterfunktion bietet einen Reichtum an Wahrnehmungsperspektiven, die wir in Präsenzaufstellungen so noch nicht erfahren haben – obwohl sie natürlich auch auf dieselben problemlos übertragbar ist.

Bei der Mehrfachbesetzung besteht ebenfalls die Möglichkeit, alle Teilnehmer sichtbar zu halten und in jedes Namensfeld deren Stellvertreterfunktion zu schreiben.

Unserer Erfahrung nach hängt die Wahl der Variante auch von der Erfahrung des Aufstellungsleiters ab. Je vertrauter und damit entspannter er mit der online Situation und den technischen Möglichkeiten wird, desto leichter fällt ihm der Überblick über die Gruppe auf dem Bildschirm.

Jenseits von Geübt-Sein spielt die Gruppengröße natürlich immer eine wesentliche Rolle. Wir begrenzen die Teilnehmerzahl in unseren Onlineaufstellungen in der Regel auf max. 20 – bei manchen Formaten sind es weniger – und wir haben dadurch immer die gesamte Gruppe auf einem Bildschirm und können sicherstellen, dass wir zu jedem den angemessenen Kontakt aufnehmen und halten können.

Bei größeren Gruppen empfiehlt es sich, eine Sortierung in Untergruppen vorzunehmen, die zwischendurch zusammenkommen und sich im kleineren Kreis austauschen. Das fördert bei den Teilnehmern das Gefühl, einen sicheren Platz zu haben und wahrgenommen, bzw. gehört zu werden. Der Moderator kann dann die Gruppen reihum besuchen.

Wie bei Präsenzaufstellungen ist es auch in Online-Aufstellungen wichtig, die Stellvertreter wieder aus ihrer Funktion zu entlassen. Hier ist alles hilfreich, was man von Präsenzaufstellungen kennt. Zusätzlich hat auch die Löschung der Stellvertreterfunktion hinter dem Namen der Teilnehmer eine gewisse „Entrollungs"-Wirkung. Es kann auch hilfreich sein, die Teilnehmer der Reihe nach zu fragen, ob sie ihre Stellvertretungen wieder abgelegt haben.

Nach unserer Erfahrung kann sich insbesondere in Gruppen zu individuellen Lebensthemen eine besondere Tiefe der Bewegungen zeigen. Nicht selten spielt bei Aufstellungen zu persönlichen Themen auch Trauma eine zentrale Rolle. Hier ist es besonders wichtig, die Verbindung zum Klienten durch kontinuierliche Ansprache zu halten und ihm ein Gefühl von Sicherheit und Geborgenheit zu vermitteln. Das kann durch die Verkörperung bestimmter Vorstellungen verstärkt werden, etwa indem man den Klienten bittet, sich selber in den Arm zu nehmen und sich vorzustellen, dass er gehalten und sicher ist. Dasselbe gilt natürlich auch für die Einzelarbeit.

Insgesamt sind wir hier erst am Anfang der Entwicklungen insbesondere für kritische und tiefe Prozesse. Wir sind davon überzeugt, dass die Auslotung von Möglichkeiten für die Verkörperung eine besondere Bedeutung hat, und dass gerade hier noch spannende Entwicklungen zu erwarten sind.

3.1.2 Eindimensionale Online Aufstellungen in der Einzelarbeit

In der Einzelarbeit funktionieren eindimensionale Online Aufstellungen genauso, wie sie offline in der Präsenzarbeit in der Imagination geschehen. Der Klient geht entweder in seiner Vorstellung durch das Innere seines Körpers und hat dort Wahrnehmungen und Begegnungen.

Oder aber er begegnet in seiner Vorstellung verschiedenen Personen und kann wahlweise seinen Wahrnehmungen der Begegnung mit den Personen nachspüren oder sich auf den imaginären Platz der Personen stellen und wahrnehmen, welche Gefühle oder Sätze aufsteigen.

3.2 Zweidimensionale Online Aufstellungen

Zweidimensionale Online Aufstellungen verwenden Hilfsmittel für die Aufstellung. Hierbei gibt es verschiedene Hilfsmittel bzw. Hilfskonstruktionen:

3.2.1 Bodenanker

Ein bekanntes Hilfsmittel, dass immer wieder auch in Online Aufstellungen verwendet wird, sind Bodenanker. Der Aufstellungsleiter bittet die Stellvertreter, ihre Funktion auf ein Blatt Papier zu schreiben, das Papier im Aufnahmebereich ihrer Kamera auf einen Platz im Raum zu legen und sich darauf zu stellen. Alle weiteren Schritte im Procedere geschehen wie bei einer Präsenzaufstellung mit Bodenankern – mit der Einschränkung des Kameraausschnitts.

3.2.2 Aufstellungsfiguren der Teilnehmer

Wir waren Teilnehmer in Großgruppen-Aufstellungen mit über 200 Teilnehmern aus aller Welt. Jeder Teilnehmer war aufgefordert, mit eigenen Objekten ein bestimmtes Thema für sich aufzustellen. Eines der Themen war: Ich und meine größte Sehnsucht. Anschließend wurden einzelne Teilnehmer eingeladen, ihre Wahrnehmungen und Erfahrungen mitzuteilen, andere wurden als Coach oder Aufstellungsleiter gebeten, den individuellen Prozess zu begleiten. Dabei waren manche Figurensettings sichtbar (weil die Teilnehmer eine mobile Kamera hatten – manche waren mit dem Handy eingeloggt), andere Aufstellungsbilder wurden lediglich beschrieben, evtl. wurden die einzelnen Objekte, die verwendet worden waren, kurz vor die Computerkamera gehalten.

3.2.3 Aufstellungsleiter und Aufstellungsbrett in einem Bild

Eine der Präsenzarbeit auch ähnliche Alternative ist eine Kamera, die so auf den Aufstellungsleiter gerichtet ist, dass die Teilnehmer auch das vor ihm platzierte Aufstellungsbrett sehen können (siehe Abb. 3.4). Die Kamera filmt dabei von schräg oben und ist dem Aufstellungsleiter gegenüber platziert.

Möglich ist die Hinzunahme einer zweiten Kamera eines mobilen Endgerätes – eines iPads/Tablets oder eines Handys –, die das Brett aus einer anderen Perspektive zeigen. Die Kameras der Mobilgeräte bekommen einen eigenen Teilnehmerplatz dadurch, dass sich die Mobilgeräte als Teilnehmer einloggen können (siehe Abb. 3.5).

Bei beiden Varianten wählen die Stellvertreter (der Klient selber oder auch der Aufstellungsleiter) die Positionen für die Figuren auf dem Brett, die vom Aufstellungsleiter platziert werden.

3.2.4 Handy als Teilnehmer

Aus der kombinierten Variante wie sie Abb. 3.5 zeigt, ergibt sich wiederum eine etwas reduziertere Version. Hierbei erscheint der Aufstellungsleiter nur in der „Büsten"-Ansicht während die Kamera des Handys, das wiederum als eigener Teilnehmer an der Online Aufstellung teilnimmt, auf das Aufstellungsbrett gerichtet ist. Auch hier hat sich dann der Aufstellungsleiter zweimal eingeloggt, einmal als Veranstalter (als Host) und einmal mit seinem Handy als Teilnehmer (siehe Abb. 3.6).

Damit es hierbei keine unangenehmen akustischen Interferenzen gibt, muss das Handy in jedem Fall stumm geschaltet werden.

Der Aufstellungsleiter bewegt die Figuren, und durch das eingeloggte Mobilphon sehen die Teilnehmer die Bewegungen auf dem Brett.

3.2.5 Virtuelles Aufstellungsbrett

Ein weiterer Schritt in die Virtualität des Aufstellungsgeschehens ist das virtuelle Aufstellungsbrett. Der Kölner Diplom Psychologe Stephan Holtmeier hatte bereits

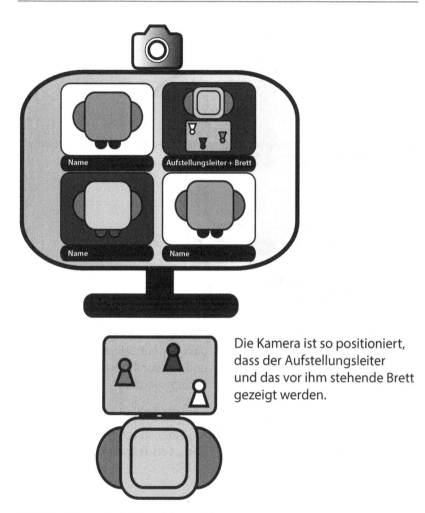

Abb. 3.4 Kamera, Aufstellungsleiter und Brett

in 2011 über seine Erfahrungen mit Online Aufstellungen gebloggt (Holtmeier 2011).

Offensichtlich aber gibt es die Applikation, von der Holtmeier hier berichtete, nicht mehr auf dem Markt. Auf Anfrage schreibt uns Holtmeier in einer Mail vom 15.07.2020: *„Das Thema der Online-Aufstellungen ist für mich aktuell (leider)*

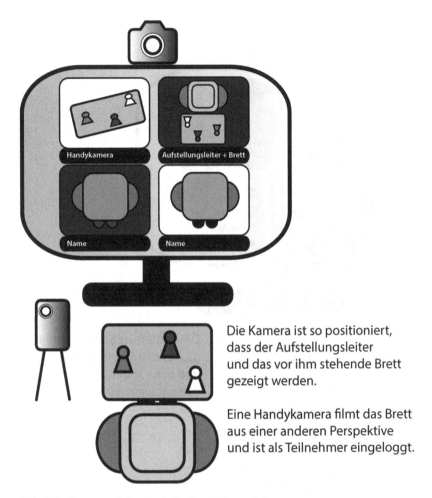

Die Kamera ist so positioniert, dass der Aufstellungsleiter und das vor ihm stehende Brett gezeigt werden.

Eine Handykamera filmt das Brett aus einer anderen Perspektive und ist als Teilnehmer eingeloggt.

Abb. 3.5 Kamera und Handy, Aufstellungsleiter und Brett

etwas in den Hintergrund gerückt, da die Softwareanbieter schneller wieder vom Markt verschwinden, als ich gucken kann... Irgendwie scheint mir der Business Case hinter den Firmen nicht tragfähig zu sein."

Angesichts der neuen Entwicklungen scheint sich der Markt nun um 180 Grad gedreht zu haben. Es wird im Moment an zahlreichen Varianten für Aufstellungs-applikationen gearbeitet, und wie bei allen technischen Neuentwicklungen mit

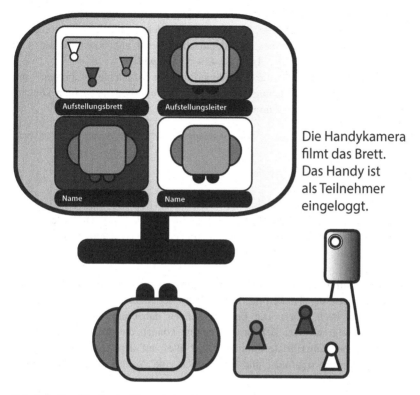

Die Handykamera filmt das Brett. Das Handy ist als Teilnehmer eingeloggt.

Abb. 3.6 Das Handy als (filmender) Teilnehmer

zahlreichen *„me too"* Kopien ist es nur eine Frage der Zeit, dass sich einige wenige Anwendungen durchsetzen oder auch von den „großen" Web-Playern gekauft werden und damit eine weite Verbreitung im Markt bekommen. Da der Ubiquität solcher Anwendungen durch die Virtualität keine Grenzen gesetzt sind, verspricht sich hier ein durchaus lukratives Geschäft für die, deren Applikation sich durchsetzen wird.

Auch der Supervisor, Coach und Organisationsberater Lars Christian Börner hat schon früh den Trend und die Möglichkeiten der virtuellen Aufstellungsanwendungen erkannt und in 2015 sogar seine Masterthesis über Systemaufstellungen mit dem iPad/Tablet veröffentlicht. Hierin hat er sich im ersten Teil detailliert mit den damals bestehenden Angeboten im Markt auseinandergesetzt und überzeugend die technischen Pro- und Contras argumentiert. Der zweite Teil seine

Arbeit ist einer eigenen Applikationsentwicklung gewidmet, die er in einem damaligen 4er-Team entwickelt hatte. Die Beschreibung der Applikation, die momentan nicht im Markt erhältlich ist, aber demnächst wieder angeboten werden soll, finden Sie in Abschn. 3.3.1.2 *AppTools42 – Systempad.*

Softwaregrundlage für die zweidimensionalen Aufstellungs-„bretter" mit Objekten, die mit Bezeichnung versehen, bewegt und gedreht werden können, sind in der Regel die Programme

- Power Point (Microsoft)
- Keynote (Apple)
- Illustrator von Adobe (Apple)

wobei letzteres meisthin von Grafikern verwendet wird.

Durch das Teilen seines Bildschirms ermöglicht der Aufstellungsleiter den Teilnehmern den Blick auf das virtuelle Aufstellungsbrett. Hierbei gibt es zwei Alternativen für die Figurenbewegung:

a) **Bildschirm teilen:** Der Aufstellungsleiter teilt seinen Bildschirm mit den Teilnehmern, die dadurch die Bewegungen der Stellvertreterfiguren auf dem virtuellen Brett sehen. Die Figuren können dabei nur vom Aufstellungsleiter bewegt werden. Bei dieser Variante können die drei oben genannten Programme zum Einsatz kommen, weil alles auf dem Computer des Aufstellungsleiters stattfindet und er lediglich eine Ansicht seines Bildschirms teilt.

b) **Zugriff erteilen:** Für eine interaktive Aufstellung wird die Datei auf Google Drive hochgeladen und dort als Google Sheets abgespeichert. Das erlaubt dem Aufstellungsleiter, den Teilnehmern per Link den direkten Zugriff auf sein virtuelles Aufstellungsbrett zu ermöglichen, sodass die Stellvertreter ihre Figuren selber bewegen können.

Wir zeigen hier die uns bekannten Anwendungen für zweidimensionale virtuelle Aufstellungsbretter. Die Gestaltung der Aufstellungsfiguren geht von einfachen Formen bis zu Figurenanmutungen in Kombination mit Objekten.

3.2.5.1 Online Fields, Noemi Viedna, Spanien, und Jeroen Hermkens, Niederlande

Unter den ersten, die kurz nach dem Lockdown mit Aufstellungsapplikationen nach vorne traten und ihre Entwicklung mit Aufsteller Kollegen in aller Welt

Abb. 3.7 Online Fields Intro (Abb. mit Genehmigung von Noemi Viedna)

teilten, waren die Spanierin Noemi Viedna und der Niederländer Jeroen Hermkens (siehe Abb. 3.7 und Abb. 3.8).

Auf ihrer Website bieten Viedna und Hermkens den kostenfreien Download ihrer Anwendung inkl. umfassender Anleitungen für den individuellen Gebrauch in englischer, spanischer und niederländischer Sprache unter https://onlinefields. net/.

3.2.5.2 Systemic Mapping Template, Edward Rowland, Großbritannien

Der britische Coach, Trainer und Autor Edward Rowland veröffentlichte im April 2020 bei Linkedin einen umfangreichen Beitrag zum Thema Online Aufstellungen, der angesichts der Vielzahl der Kommentare von vielen Aufsteller Kollegen als hilfreich erachtet wurde (Rowland 2020). Am Ende seines Kapitels bietet Rowland seine eigene Aufstellungsanwendung zum kostenfreien Download unter https://www.wholepartnership.com/online-mapping/ an. Siehe Abb. 3.9.

Copy (CTRL+C) an element representing you

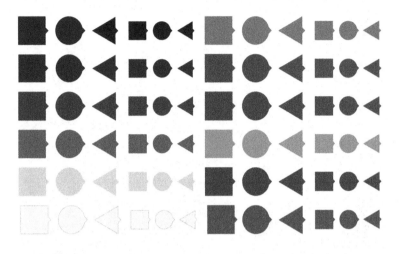

Abb. 3.8 Online Fields Figuren (Abb. mit Genehmigung von Noemi Viedna)

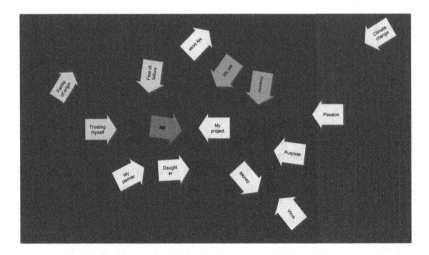

Abb. 3.9 Systemic Mapping (Abb. mit Genehmigung von Edward Rowland)

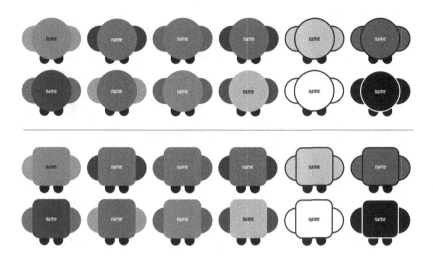

Abb. 3.10 Feldfiguren – Personen

3.2.5.3 Feldfiguren, Stephanie Hartung, Deutschland

Auch Stephanie Hartung hatte bereits 2019 – für ihr *Lehrbuch der Systemauf-stellungen* – eigene Aufstellungsfiguren und Objekte entwickelt, die sie Anfang April 2020 zu einer Online Anwendung auf der Basis von PowerPoint ausgebaut und Kollegen bereitgestellt hat. (siehe Abb. 3.10 und 3.11).

Die Feldfiguren finden Sie unter https://www.weltderhoelzer-shop.com/shop/.

3.2.5.4 Radical Business Innovation, Romy Gerhard, Schweiz

Die schweizerische Organisationsaufstellerin Romy Gerhard, Veranstalterin der Schweizer Business-Constellations-Konferenz WE DISCOVER PURPOSE, stellt ihre Vorlagen kostenfrei bereit (siehe Abb. 3.12 und Abb. 3.13).

Gerhard hat mit verschiedenen Anbietern von zwei- und dreidimensionalen Applikationen Online Veranstaltungen für Kollegen auf die Beine gestellt und über ihre Erfahrungen in der DGfS Zeitschrift *Praxis der Systemaufstellung* berichtet (Gerhard 2020).

Ihre zweidimensionale Aufstellungsapplikation finden Sie unter https://docs. google.com/presentation/d/1qUFOrHqK4AyKkr-j6dH6D4Tj7PnHKBvZ7MjH Hhx363g/edit#slide=id.g8071a7569b_1_0.

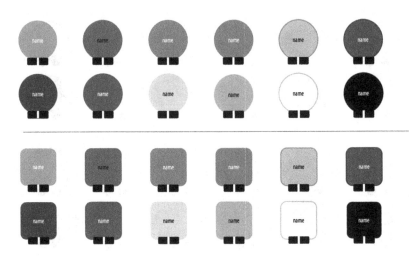

Abb. 3.11 Feldfiguren – Objekte

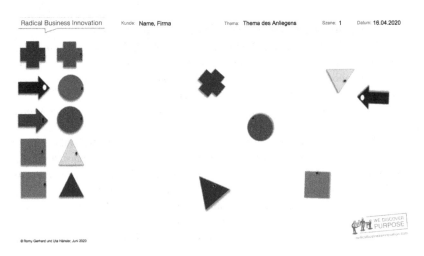

Abb. 3.12 Gerhard und Hänsler (Abb. mit Genehmigung von Romy Gerhard)

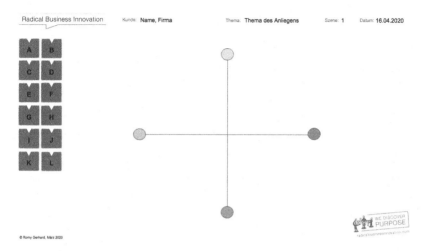

Abb. 3.13 Gerhard (Abb. mit Genehmigung von Romy Gerhard)

3.2.5.5 INFOSYON, Internationales Forum für Systemaufstellungen in Organisationen

Das Internationale Forum für Systemaufstellungen in Organisationen, INFO-SYON, hat ein Aufstellungsbrett mit verschiedenen Anwendungsalternativen online gestellt und lädt zur Akademieveranstaltung regelmäßig zu Online Aufstellungen ein, siehe Abb. 3.14. Das INFOSYON Aufstellungsbett ist abrufbar unter: https://docs.google.com/presentation/d/10deg1o6dlFeXJE00vpUDGOH HQ8VKGi6ANJz_i_HwPrw/edit?ts=5f15acc3#slide=id.g8db9f99234_1_0.

3.2.5.6 Constell Online, Yishai Gaster, Israel

Alternativ zu den Google Drive Applikationen gibt es auch die Möglichkeit des Direktzugriffs auf eine Website wie bei Constell Online (siehe Abb. 3.15). Die Anwendung wurde von dem israelischen Systemaufsteller Yishai Gaster entwickelt.

In einem persönlichen Gespräch hat er uns erläutert, dass es ihm wichtig war, vertraute Elemente im virtuellen Raum nachzubilden. Er selbe arbeite in seinen Weiterbildungen seit Jahren mit „Felts". Die Filzmatten in verschiedenen Größen und Farben in runden und viereckigen Formen mit ausgeschnittenem Blickdreieck sind international bekannt, in Deutschland werden sie nicht so häufig verwendet.

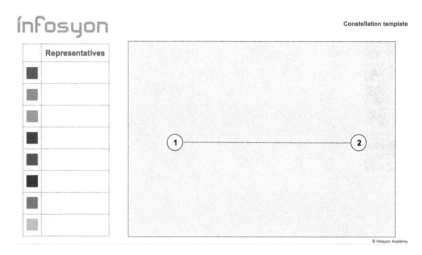

Abb. 3.14 Infosyon Academy (Abb. mit Genehmigung von Georg Müller-Christ)

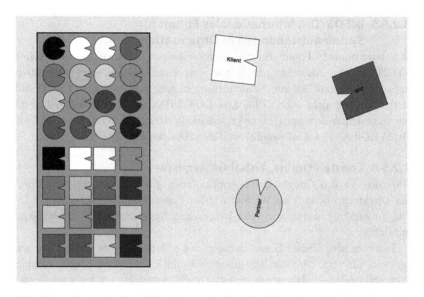

Abb. 3.15 Die Aufstellungselemente von Constell Online (Abb. mit Genehmigung von Yishai Gaster)

Dennoch – die Formen erscheinen vertraut und Gasters Anwendung hat eine leicht verständliche Anwenderführung.

Constell Online bietet neben dem Direktzugriff auch Interaktivität – hat der Moderator einmal seinen Bildschirm mit den Teilnehmern geteilt, kann er ihnen zusätzlich Zugriff auf seinen Bildschirm erteilen. So können alle Teilnehmer auf dieselbe Seite zugreifen und ihre Figuren selber positionieren.

Die Applikation von Yishai Gaster finden Sie unter https://constell.online/.

Gaster hat uns auch erzählt, dass er schon bald eine dreidimensionale Anwendung anbieten will, bei Drucklegung aber war diese leider noch nicht fertig. Angesichts aber der Qualität seiner bisherigen Entwicklungen erwarten wir wieder eine wertvolle und einfach zu bedienende Anwendung.

3.2.6 Zusammenfassung zweidimensionale Anwendungen

Die zweidimensionalen virtuellen Aufstellungsbretter eignen sich für die Einzel- und für die Gruppenarbeit genauso wie Bodenanker und die physischen Bretter für die Offline Arbeit.

Der Gestaltungsvielfalt sind bei diesen grafischen Anwendungen keine Grenzen gesetzt.

Die Bandbreite reicht von der einfach gehaltenen Variante mit kostenfreiem Zugriff bis hin zu differenziert ausgearbeiteten Gestaltungen der Aufstellungsfiguren. Wiewohl, die Ansicht bleibt aus der Vogelperspektive immer zweidimensional, also flach. Da ist der nächste Schritt in die Dreidimensionalität des Aufstellungsgeschehens quasi vorgezeichnet.

Alle Applikationen sind einfach zu verwenden, und sie alle bieten zusätzliche Erläuterungen oder stellen gar Erklärungsvideos zum freien Download ins Netz, wie Yishai Gaster (Gaster 2020).

3.3 Dreidimensionale Online Aufstellungen

Dreidimensionale Online Aufstellungen verwenden dreidimensionales Zubehör für die Aufstellung.

Hier blickt man nicht nur aus einer Perspektive auf die Fläche des Aufstellungsgeschehens, vielmehr besteht die Möglichkeit, sich durch das Geschehen aus verschiedenen Perspektiven dreidimensional hindurch zu bewegen, über die Aufstellung förmlich zu fliegen oder gar in die eigene Stellvertreterposition hinein zu schlüpfen und durch deren Augen ins Feld zu blicken. Insgesamt gilt: Je technisch vielseitiger eine Anwendung ist, desto komplizierter und aufwendiger die Handhabe. Wir sind angesichts der Geschwindigkeit, mit der die bereits vorhandenen Formate entstanden sind, davon überzeugt, dass die 3D Applikationen zunehmend einfacher zu bedienen sein werden.

3.3.1   Dreidimensionale Systembretter

3.3.1.1 LPScocoon, Christiane Grabow, Deutschland
Bereits im Jahr 2008 entwickelte die Beraterin Christiane Grabow mit der Mülheimer Firma TASKfour eine Software für dreidimensionale Aufstellungen auf dem Brett mit den archaisch anmutenden Figuren von LPScocoon. Dafür bekam sie im selben Jahr den Innovationspreis der Initiative Mittelstand und wurde ein Jahr später für den Deutschen Weiterbildungspreis vom Haus der Technik (Essen) nominiert. (siehe Abb. 3.16).

Soweit wir bei unserer Recherche herausfinden konnten, ist Grabow damit „first mover", mit deutlichem Vorsprung von rd. 10 Jahren vor allen nachfolgenden Anwendungen. Weitere Informationen zu ihrer Anwendung finden Sie unter https://www.lpscocoon.de/html/software.php.

3.3.1.2 AppTools42 – Systempad, Lars Christian Börner/Jochen Fischer/Gita Wikullil/Ferdinand Wikullil, Deutschland
Über Lars Christian Börner und seine Masterarbeit aus 2015 haben wir im letzten Kapitel geschrieben und erwähnt, dass auch er ein dreidimensionales Aufstellungsbrett mit Jochen Fischer, Gita Wikullil und Ferdinand Wikullil entwickelt hatte. Im Jahr 2017 launchte das Kasseler Team unter dem Namen *AppTools42* das *Systempad* – eine dreidimensionale Online Anwendung eines Bretts mit einem so einfachen wie überzeugenden Produktdesign (siehe Abb. 3.17).

Aufgrund des damals zu geringen Marktinteresses entschieden die vier, die technisch aufwendige Weiterentwicklung der Applikation einzustellen – eine zu bedauernde Konsequenz, die – nach unserer Rücksprache mit den Entwicklern – nun angesichts der jüngsten Entwicklungen im Markt der Online Aufstellungen überdacht wird.

3.3.1.3 Online-Systembrett, Georg Breiner, Österreich
Ein weiteres dreidimensionales Systembrett hat der österreichische Managementberater und Coach Georg Breiner mit seinem Team entwickelt. Es ermöglicht den Teilnehmern, sich aus verschiedenen Perspektiven durch das Aufstellungsfeld zu bewegen. (siehe Abb. 3.18 und Abb. 3.19).

Abb. 3.16 LPScocoon (Abb. mit Genehmigung von Christiane Grabow)

Die Anwendung bietet zahlreiche Funktionen:

- Figuren benennen
- Figuren in 3D Ansicht auf dem Brett positionieren
- Figuren drehen, vom Brett entfernen, ggf. tauschen
- Den Blickwinkel des Betrachters durch „Herumgehen" um das Brett frei gestalten
- Den Abstand des Betrachters durch „Hin- und Wegtreten" zum Brett frei gestalten
- Die Perspektive auf das Brett frei gestalten – von Frosch- bis Adlerperspektive
- Das Brett aus der Innensicht der Figuren erleben
- Unbegrenzte Anzahl und große Auswahl verschiedener Figuren verfügbar

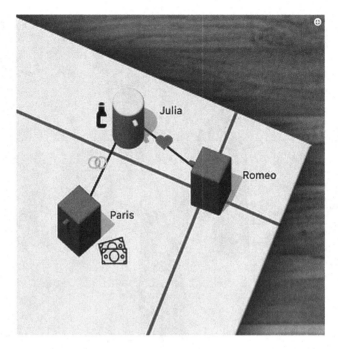

Abb. 3.17 AppTools42 Systempad (Abb. mit Genehmigung von Ferdinand Wikullil)

Eine kostenfreie Testversion des Online-Systembrett von Georg Breiner finden
Sie im Internet unter https://www.online-constellation-board.com/.

3.3.1.4 CoSpaces EDU, Delightex, Deutschland

Das deutsche Unternehmen Delightex, das 2015 von dem russischen Computer-
wissenschaftler Eugene Belyaev in München gegründet wurde, bietet eine kostenfreie dreidimensionale Anwendung, die gestalterisch und technisch zwischen den
Holzfiguren von Georg Breiner und den komplexen Avatar Anwendungen liegt.

Die „Pro" (professional) Versionen der Anwendung bieten zahlreiche Anwen-
dungsmöglichkeiten. Sie sind kostenpflichtig und je nach Lizenz gar investiti-
onsintensiv. Eine kostenfreie Variante bietet jedoch bereits die Möglichkeit, bei
geteiltem Bildschirm die Figuren für die Teilnehmer zu bewegen.

Auf der Homepage des Unternehmens findet man unter https://delightex.com/
die Schaltfläche *„CoSpaces EDU"*. Von hier aus gelangt man auf eine Seite, auf
der einem ein *„Get started for FREE"* angeboten wird. Um weiter arbeiten zu

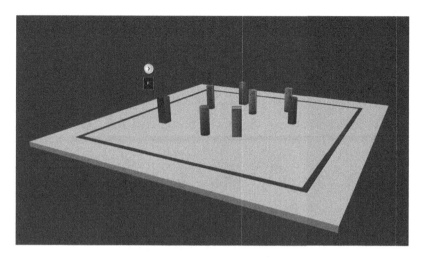

Abb. 3.18 Online-Systembrett, Vogelperspektive (Abb. mit Genehmigung von Georg Breiner)

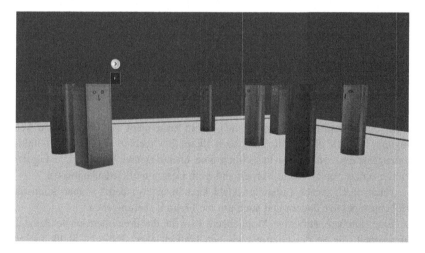

Abb. 3.19 Online-Systembrett, Perspektive Augenhöhe (Abb. mit Genehmigung von Georg Breiner)

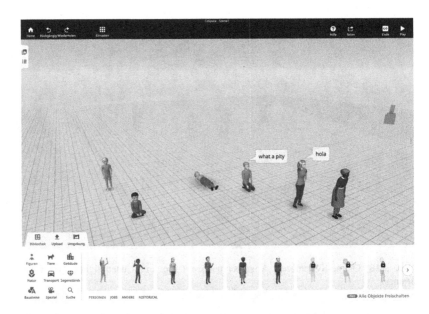

Abb. 3.20 CoSpaces EDU (Aufstellungsfeld Stephanie Hartung)

können, muss man sich registrieren. Mit Klick auf den Button *„CoSpaces"* besteht dann die Möglichkeit, ein Aufstellungsfeld zu erstellen, und in der Bibliothek findet man verschiedene Umgebungen, Figuren und Objekte – siehe Abb. 3.20 *CoSpaces EDU.*

In der kostenfreien Version stehen einem zwar nicht viele Figuren zu Verfügung – durch die Möglichkeit aber, diese (bei rechter Maustaste) vielfältig umzugestalten, erhält man tatsächlich eine überzeugende Varianz. Die Figuren bieten zudem verschiedene Körperhaltungen, Gesten und Gedankenblasen.

Auch durch dieses Aufstellungsfeld kann man „wandern" – man kann die Höhenperspektive ändern und auch um die Figuren „herumgehen".

Eine durchaus attraktive Möglichkeit also für die dreidimensionale Aufstellungsarbeit, die an der Grenze zwischen grafisch eher einfachen Stellvertreter-Objekten und Avatar-Anwendungen rangiert.

3.3.2 Online Aufstellungen mit Avataren

Ein weiterer Schritt in Richtung technischer Raffinesse sind die dreidimensionalen Anwendungen der Avatar Online Aufstellungen, die mit zahlreichen Informations- und Betrachtungsmöglichkeiten aufwarten.

3.3.2.1 ProReal, Klaus Döllinger, Deutschland

Das Team von Klaus Döllinger und ProReal hat sein Angebot der Avatare, die einst als Coachingtool für die 1:1 Online Beratung entwickelt worden waren, zugunsten der Online Aufstellungen erweitert. Heute bietet das Entwicklerteam interaktive Multiuser Aufstellungen mit zahlreichen technischen Möglichkeiten (siehe Abb. 3.21 und Abb. 3.22).

Damit die Teilnehmer ihre eigenen Figuren bewegen können, müssen sie das Programm auf ihren eigenen Rechner laden und sich ein Profil einrichten. Danach haben sie zahlreiche Möglichkeiten der Darstellung ihres Charakters:

Abb. 3.21 ProReal Vogelperspektive (Abb. mit Genehmigung von Klaus Döllinger)

Abb. 3.22 ProReal Perspektive Augenhöhe (Abb. mit Genehmigung von Klaus Döllinger)

- Single-User-Modus für max. 2 Personen gleichzeitig in einer Welt
- Multi-User-Modus für bis zu 10 Personen gleichzeitig in einer Welt (Erweiterung ist möglich)
- Nutzung von verschiedenen Umgebungen (leere Scheibe, inspirierende Landschaft)
- Möglichkeit mit vorbevölkerten Umgebungen zu arbeiten
- Unbegrenzte Anzahl von Avataren
- differenzierte Gestaltungsmöglichkeiten für die Avatare
- Platzierung/Drehung/„Gehen" im Raum
- Haltung/Farbe/Größe
- Text in „Gedankenfeldern" – innere Stimmen für Avatare
- Blick über die Schulter eines Avatars/Blick durch die Augen jedes Avatars
- Vogelperspektive
- Requisiten zur Darstellung von Beziehungen und Atmosphären (können benannt und in der Größe angepasst werden)

3.3.2.2 TriCAT spaces, Deutschland

Das Team des Ulmer Unternehmens *TriCAT spaces* ist auf virtuelle 3D Lern- und Arbeitswelten spezialisiert und bietet eine ausgereifte Avatar Anwendung für Systemaufstellungen. Das Unternehmen schreibt auf seiner Homepage:

„TriCAT spaces ist eine Avatar basierte interaktive 3D Lern- und Arbeitswelt.

Virtuelle 3D Welten von TriCAT sind holistische Kopien unserer physisch-realen Arbeitsumgebung mit maximalen medialen und sozialen Interaktionsmöglichkeiten.

Sie kommunizieren und arbeiten über Ihren eigenen Avatar in Echtzeit mit den anderen Teilnehmern im selben Szenario. Die Teilnehmer können dabei weltweit verteilt sein."

Die Anwendung kann entweder für die einzelne Systemaufstellung gemietet oder als Lizenz erworben werden.

Beeindruckend ist tatsächlich der Grad der „Echtheit" der Grafiken (siehe Abb. 3.23).

„Doch es gab auch Herausforderungen: Um überhaupt mit dieser 3D-Anwendung arbeiten zu können, muss zuerst ein Programm lokal auf den eigenen Rechner heruntergeladen und installiert werden …

Dann ist der eigene Avatar auszuwählen, zu gestalten (Auswahl von Kleidern und Accessoires), und das Lernprogramm ist zu absolvieren, so dass jeder Teilnehmende die Grundfunktionalitäten beherrscht und sich im virtuellen Raum bewegen kann.

Abb. 3.23 TriCAT spaces/Aufstellung von Romy Gerhard (Abb. mit Genehmigung von Romy Gerhard und von TriCAT spaces)

Wichtig ist auch, eine Maus und ein Headset zur Verfügung zu haben – ohne Maus wird es schwierig mit den Bewegungen und ohne Headset kommt es für die ganze Gruppe zu lästigen Rückkoppelungen.

Erhöhte Schwierigkeiten stellten sich bei manchen Mac-Usern ein, die teilweise froh waren, wenn sie nach mehreren Versuchen das Login schafften. Wer schließlich in der Gestalt eines Avatars die detailliert ausgestalteten Innen- und Außenräume von TriCAT spaces erkunden und darin aufstellen konnte, war in der Regel sehr angetan von den vielen Möglichkeiten, die diese virtuelle Welt ermöglicht." (Gerhard 2020)

3.3.2.3 Zusammenfassung dreidimensionale Anwendungen

Die dreidimensionalen Anwendungen sind vielversprechend, und wer Freude am „Austüftlen" im Umgang mit den Applikationen hat, der ist hier „richtig". Insgesamt – so ist unsere Erfahrung – eignen sich die technisch ausgefeilten Anwendungen besonders für den organisationalen Bereich. Hier scheinen die technischen Möglichkeiten als Gradmesser für die Qualität der Methode zu stehen. Der spielerische Aspekt auf hohem Programmierniveau findet oft leichter Akzeptanz als die sehr persönliche Präsenzarbeit.

3.4 Multidimensionale Anwendung: Digital Constellation

Eine gänzlich andere und tatsächlich multidimensionale Online Aufstellungsanwendung, die in keine der bisher genannten Kategorien passen würde, ist die Applikation *Digital Constellation* des Österreichers Jürgen Bergauer. Er hat Erkenntnisse über die Kraft der Gedanken und die Sichtbarmachung morphogenetischer Felder durch einen speziellen Algorithmus in seine Aufstellungsanwendung integriert und ermöglich damit ein maximal vielschichtiges Vorgehen.

Rein optisch rangiert die Anwendung an der Nahtstelle zwischen zwei- und dreidimensional – betrachtet man jedoch die zahlreichen Ebenen der systemischen Interaktion zwischen Geist und Maschine erkennt man die Vielseitigkeit der Applikation, die darüber hinaus mit zahlreichen Betrachtungsoptionen aufwartet.

Was mit Blick auf die Handhabbarkeit erfreulich leicht und einfach funktioniert, ermöglicht komplexeste Dimensionen und Erkenntnisse mit geistiger und spiritueller Tiefe ebenso wie mit praktischen Hinweisen.

Auf seiner Website beschreibt Bergauer seine Applikation so:

„Digital Constellation ist eine Online-Software, mit der systemische Aufstellungen ausgeführt werden können. Das „Besondere" an der Software ist ein Algorithmus aus der Forschung der „KI-künstliche Intelligenz", welcher für die systemische Arbeit zum Einsatz kommt. Digital Constellation erkennt basierend auf dem „Beobachtereffekt" die Position der einzelnen Elemente und macht sie am Bildschirm sichtbar. Über den Energiefeld-Test und den Einflusstest können dann die Blockaden erkannt und gelöst werden." (Bergauer 2020)

Wie eine solche Aufstellung aussehen kann, zeigt Bergauer anhand einer Familienaufstellung bei Youtube (https://www.youtube.com/watch?v=BlDB8nGe29A).

Vom Energiefeldtest über ein Ampelsystem, das Auskunft über Einflussdimensionen gibt, bis hin zu eigenständigen Figurenbewegungen auf Knopfdruck – Bergauer zeigt dem (vielleicht) verblüfften Betrachter, wie die Umsetzung des Satzes *„Alles ist eine Manifestation des Bewusstseins"* im Rahmen einer Systemaufstellung online in praktischer Konsequenz aussehen kann.

Bergauers Applikation ist nach unserer Einschätzung der bislang weitreichendste und konsequenteste Einsatz der Möglichkeiten durch die Digitalisierung und in der Anwendung von künstlicher Intelligenz bei Systemischen Aufstellungen. Das Ergebnis wirft einmal mehr die Frage auf: Wissen wir eigentlich, was Bewusstsein ist? (Abb. 3.24 und 3.25).

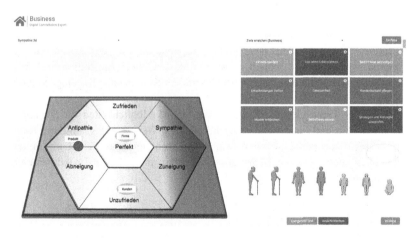

Abb. 3.24 Digital Constellation, Firmenaufstellung (Abb. mit Genehmigung von Jürgen Bergauer)

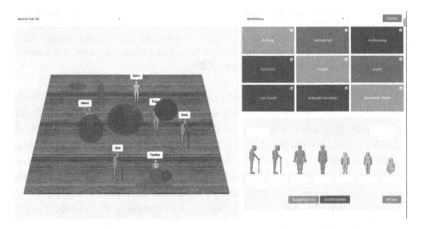

Abb. 3.25 Digital Constellation, Familienaufstellung (Abb. mit Genehmigung von Jürgen Bergauer)

3.5 Abschließend

Wir stehen noch am Anfang der Entwicklungen für Online Aufstellungen. Das gilt für die technische Reife ebenso wie für die Anwendung spezieller Online Interventionen in kritischen Momenten. Was sich sicher auch noch einmal in den Fokus schiebt ist die Frage danach, warum und wie Aufstellungen funktionieren – und eben auch: was Bewusstsein ist.

Immerhin hat sich die neue Online Tugend, die aus der Lockdown Not geboren wurde, derart schnell verbreitet, dass Online Aufstellungen bereits ihren selbstverständlichen Platz im Repertoire der Systemaufsteller eingenommen haben.

Nicht nur verwenden die Kollegen die Online Möglichkeiten für die Arbeit mit ihren Klienten – insbesondere auch kollegiale Weiterbildungsangebote haben exponentiell zugenommen, zu neuen Bekanntschaften und Vernetzungen und schließlich auch zu neuen Kooperationen geführt, die vor dem Lockdown nicht einmal denkbar waren.

Was Sie aus diesem *essential* mitnehmen können

- Eine Antwort auf die Frage, warum systemische Aufstellungen auf dem Bildschirm funktionieren
- Tipps für Technik, Verhalten und Kommunikation in Online Aufstellungen
- Eine Übersicht über verschiedene Möglichkeiten der Online Aufstellung mit entsprechenden Applikationen

Literatur

Jürgen Bergauer (2020) Website. https://www.digital-constellation.com/ (04.09.2020)

Salomo Friedlaender/Mynona (2009) Hrg. Detlef Thiel. *Schöpferische Indifferenz.* Whaitawhile Book/Hartmut Geerken, Herrsching 1925

Yishai Gaster (2020) *Let's constellate – Live Demo.* https://drive.google.com/file/d/1xB fo1hA_efh34d9Kq6C6o6J8wZONwLbD/view (12.08.2020)

Romy Gerhard (2020) *Online Constellations – wie Aufstellungen virtuell gelingen.* https:// www.praxis-der-systemaufstellung.de/online-constellations.html (12.08.2020)

Stephanie Hartung (2014) *Warumfunktionieren Aufstellungen? Eine Betrachtung in 14 Thesen.* Deutscher Wissenschafts-Verlag DWV, Baden-Baden

Stephanie Hartung, Wolfgang Spitta (2020) *Lehrbuch der Systemaufstellungen; Grundlagen, Methoden, Anwendung.* Springer Verlag, Heidelberg

Stephan Holtmeier (2011) *Systemische Strukturaufstellung mit dem iPad.* https://holtmeier. de/ipad-aufstellung/ (22.07.2020)

Sri Ramana Maharsi (1985) *Self Realization – The Life and Teachings of Sri Ramana Maharshi.* Narasimha Swami/published by T.N. Venkataraman, President, Board of Trustees, Sri Ramanasramam, Tiruvannamalai

Albert Mehrabian (1981) *Silent Messages. Implicit Communication of Emotions and Attitudes,* 2. Auflage. Wadsworth, Belmont, Calif./1. Auflage 1971

Edward Rowland (2020) *Systemic Constellations in Online Groups: Some Suggestions.* https://www.linkedin.com/pulse/online-systemic-constellations-groups-integrating-shared-rowland/?trackingId=ZHgci4J5SxeNb06By1RdnA%3D%3D (12.08.2020)

Hans Werhahn Hrg. (2011) *Neue Phänomenologie; Hermann Schmitz im Gespräch.* Karl Alber Verlag, Freiburg

Cristiane Grabow, TASKfour (2008) *LPScocoon online.* https://www.taskfour.de/projects/ lpscocoon.php (23.07.2020), https://www.lpscocoon.de/html/die_innovation_2008.php (23.07.2020)

Bessel Van der Kolk (2015) *Verkörperter Schrecken; Traumaspuren in Gehirn, Geist und Körper und wie man sie heilen kann.* G.P. Probst Verlag, Lichtenau/Westfalen, S. 56–58

LEHRBUCH

Stephanie Hartung
Wolfgang Spitta

Lehrbuch der System-aufstellungen

Grundlagen, Methoden, Anwendung

EBOOK INSIDE

 Springer

Jetzt im Springer-Shop bestellen:
springer.com/978-3-662-61191-3

Printed in the United States
By Bookmasters